AF435380

EL VIAJE
HACIA TU DON

NEUS GARCÍA ACERA

EL VIAJE
HACIA TU DON

Guía de ejercicios

De la sabiduría ancestral a la nueva tecnología para el crecimiento personal

Título: *El viaje hacia tu don*
© 2020, Neus García Acera

Autoedición y Diseño: 2020, Neus García Acera
Diseño de cubierta: Jonás Pérez Camacho
Imagen: Geralt - Pixabay

Primera edición: febrero de 2020
ISBN-13: 978-84-18489-03-7

Desde pequeños se nos ha enseñado lo importante que es cuidar de nuestro cuerpo y practicar alguna actividad física. Sin embargo, poco o nada sabemos sobre nuestra energía vital.

Este libro te va a dar todas las claves para que trabaje a tu favor y seas capaz por ti mismo de auto-gestionar toda la capacidad energética que posees.

Se trata de utilizar la sabiduría ancestral a través de métodos y técnicas que te llevarán a la toma de conciencia de Quién Eres realmente.

Un camino para crear tu nueva historia.

Descubre con esta guía práctica cómo y sigue todos los pasos para transformar tu vida y vivir desde tus Dones y Talentos.

Porque eres mucho más de lo que te han dado a entender.

INHALA AMOR
EXHALA MIEDOS
INHALA PAZ
EXHALA ESTRÉS
INHALA CONFIANZA
EXHALA DUDAS

Saber respirar es saber vivir.
Así como respiras, así vives.

RECOMENDACIONES

"Este libro llegó a mí en el momento más adecuado y lo mismo pasará contigo, estoy segura de ello. Si el primero me encantó, este es un Regalo muy especial para todo lector. es una filosofía de vida, yo lo practico desde hace años y me cambió la vida. Neus te lo demuestra en cada línea. Gracias Neus por tanta Maravilla."

Tania Carrillo Arias,
autora de la Saga: "EL SOL DE TU CORAZÓN"

El Viaje hacia tu Don realmente embarca al lector en la profunda y reflexiva aventura de descubrir los propios talentos. De una forma amena y dinámica el lector es guiado a descubrir sus capacidades, su poder y su Misión, y así comenzar a ser y hacer el cambio que desea ver en el mundo.

Estefanía Abaroa, autora de la Saga Re-born

Me parece muy interesante y de suma utilidad para comenzar a tener una nueva perspectiva sobre Valiosas herramientas con las que contamos, para una vida plena!

Viviana Master Reiki Docente
En ciencias Jurídicas y Contables. Esteticista

Te ofrece herramientas infalibles para llevar al máximo las capacidades que como ser humano se tienen. La información en estas páginas es invaluable. Gracias Neus.

Lic. Diana Zaira, autora de la Saga ZAMADI

Este libro te adentrará a tu interior de una manera armoniosa y sincera para que tu cambio sea real y permanente. La paz con la que están escritas estas palabras te harán sentir ese bienestar que todo lector busca en una transformación personal.

Cristina Gutiérrez Cordero

Maravilloso aporte que debe estar en la mano de cada director de colegio. Excelente para realizar talleres de apoderados. Profesores y alumnos somos una pieza fundamental. Estar claros de cómo ayudarnos para ayudarlos y no truncar sus valiosas capacidades. Aportando nuevas herramientas podremos evolucionar como seres humanos de la mano del amor y compromiso y ser mejores personas .

Me entusiasma el hecho que se esté haciendo algo por el avance; un libro que no debes dejar de leer , muy recomendable.

Vanessa Campos , Pedagoga Educación Básica .

ÍNDICE

INTRODUCCIÓN

Una sociedad se enriquece cuando hay progreso. Crear igualdad entre los seres humanos es básico para que esta aseveración se exprese en la realidad. Y todo debe empezar en la escuela, en la educación, fomentando los valores, dando ejemplo. No debe formar parte de la normalidad o lo habitual poner etiquetas a los niños como "no sirve para estudiar", "es problemático" ,etc.

El prestigioso y reconocido psicólogo Jean Piaget decía *"El objetivo principal de la educación en las escuelas debe ser la creación de hombres y mujeres capaces de hacer cosas nuevas, **no simplemente repetir lo que otras generaciones han hecho,** hombres y mujeres creativos, inventivos y descubridores, que pueden ser críticos y verificar y no aceptar todo lo que se ofrece"*.

Los niños merecen ser felices y que sean ellos mismos. Los padres merecen sanar sus emociones para entender mejor a sus hijos y ser conocedores de sus capacidades y la misión de estos niños. Y no, no es para que les creen problemas, al revés. Estos niños están marcando el cambio que ha de haber en la educación y los adultos estamos mirando hacia otro lado.

Si en las anteriores lecturas has puesto alguna excusa para no practicar los ejercicios que te recomiendo, en esta ocasión voy a proporcionarte muchos más y además te voy a introducir en la práctica del yoga a fin de que experimentes sus beneficios.

El yoga es unión. Es la energía que une mente, cuerpo y espíritu. A través de ella conectarás con Quién Realmente Eres, pero no sólo a nivel individual sino como un recurso para educar y compartir con tu pareja y en familia.

En la práctica del yoga comprobarás cómo tu Don toma posición y te conduce por un camino que te llevará a tus logros.

Tu energía es el vehículo para experimentar tus Dones y Talentos. El yoga despierta esa parte. Por eso es tan importante no obviarlo.

Tu energía fluye por diferentes canales y se subdivide en un número infinito de grados porque se manifiesta en todos los planos y subplanos de nuestro sistema. Lo podrás constatar cuando llegues a toda la información que te proporciono acerca de los puntos energéticos de tu cuerpo, sus canales, las diferentes dimensiones, el campo electromagnético..

¡No te imaginas el ser tan completo que eres y el poder que tienes!

Vas a tomar conciencia de los efectos que tienen en ti los elementos de la naturaleza y te vas a detener en El agua. Al igual que el sol (representado por el elemento fuego), el agua es fuente de energía y de vida porque, como ya sabes, tu cuerpo está compuesto en un 80% de ella y tu cerebro la consume en grandes cantidades. Por eso es primordial que tengas en cuenta éste tema e integres en tu día a día los datos que te voy indicando.

Un estilo de vida adecuado es básico para salvaguardar el correcto flujo de tu energía, y eso es el Ayurveda, que te ayudará a adquirir más conciencia de tu cuerpo desde una adecuada alimentación, la que corresponde a tu naturaleza Vata (si eres hiperactivo).

Vas a ver como la vida toma otro sentido. Has llegado hasta aquí con un trabajo hecho. Ahora debes tener integrada una nueva mirada.

Has aprendido a no juzgar y a ver con los ojos del alma, del amor y el entendimiento.

Has adquirido conocimiento de muchas de las herramientas y técnicas que están para sanar tus emociones y liberarte a ti y a los tuyos de lo que te han hecho creer, pero que ahora ya no funciona.

Vas a viajar por la felicidad, la paz interior, la armonía, el amor incondicional, claridad mental, estabilidad emocional y te vas a instalar definitivamente en un lugar prodigioso, en tus Dones y Talentos.

Quizás ya tengas claro cuáles son y si es así te felicito, pero si todavía te sientes perdido y no has encontrado tu lugar, este libro te va a ayudar a ser consciente de ellos y disfrutarlos.

Este tomo es la continuación a los dos anteriores que se enfocan en el tratamiento del Tda/h no como una enfermedad sino como una oportunidad de desplegar los Dones y Talentos que cada persona con esta característica posee, desde adultos hasta niños.

Si tú, lector, que tienes un exceso de atención y/o energía en estos momentos te estás preguntando si toda esta guía va a estar sólo dedicada a ti, la respuesta es NO. No es sólo para ti, es para todas aquellas personas que deseen tener un estilo de vida más consciente y coherente y asi poder ver los cambios en sus vidas y en la sociedad. Porque si quieres ver el cambio en el mundo debes empezar por cambiar tu primero.

Todas las herramientas que hallarás aquí tienen la finalidad de representar la travesía por la cual reconocerás todo tu poder.

Ha llegado el momento de apostar por ti y transformar tu vida. Esta es tu oportunidad.

Pon todo tu enfoque y energía porque empezamos.

¡Bienvenido al Nuevo Paradigma!

CÓMO APROVECHAR ESTA GUÍA

Esta guía es la continuación de los anteriores tomos. Es imprescindible haberlos leído para desarrollar y comprender bien el porqué de su teoría y práctica.

Para aprovecharla al máximo, es importante tener una actitud de predisposición, ser constante, y anteponer la voluntad.

Si me has seguido hasta aquí tu energía ya está mucho más encauzada y tu bienestar lo refleja. Este tomo pretende mantenerte en ese estado mientras avanzas en el nuevo conocimiento.

Ya has asimilado muchos conceptos y has experimentado los beneficios que aportan a tu fuerza interior los ejercicios que te sugiero. No obstante, necesitas entender el poder que dispones; tu extraordinaria energía vital.

No quieras practicarlo todo de golpe. Precisamente esta es la clave de este libro; poner la atención y la intención en observarte. Porque cuando lo haces, reconoces todo tu poder.

Cada día mentalízate que vas a trabajar un tema. Empezarás por el primero, sin saltarte ninguno. Tienes las 24 horas del día para encontrar ese momento y profundizar en él.

Si te saltas cualquier paso los ejercicios no tendrán el efecto que deseas. Ello se deberá a que tu energía estará dispersa. Y éste es el mayor obstáculo para tu bienestar.

Si un ejercicio te cuesta, puedes tomar las siguientes acciones:

- ➢ Ves directamente al apartado de Respiración y practica la Consciente.

- ➢ Intenta compartirlo con alguien de confianza que te pueda ayudar a superar ese bloqueo.

- ➢ Haz una meditación.

- ➢ Haz un poco de ejercicio antes.

- ➢ Pon todo el entusiasmo que seas capaz.

Una vez te sientas familiarizado con la práctica, intenta incorporarla en tu quehacer cotidiano.

Te deseo mucho éxito.

UN POCO SOBRE MI

Si has llegado a este tercer tomo estoy segura que es porque ya has leído como mínimo uno de los anteriores de esta trilogía, así que ya sabes bastante sobre mí.

Para no repetirme te contaré algo que no te he explicado todavía.

El baile y movimiento corporal ha sido mi pasión toda mi vida. Vengo del mundo de la danza. Empecé practicando ballet a la edad de 5 años hasta los 12, luego seguí con la danza jazz y el Aerobic. Tuve la oportunidad de dar clases, pero finalmente decidí hacer lo que los otros habían planeado para mi; dedicar mi futuro profesional a trabajar en oficinas. Así que estudié Técnico Administrativo y lo complementé con los idiomas inglés y alemán para tener un currículum brillante.

Hasta que un día tanto fingimiento derivó en un profundo desasosiego donde ya no podía seguir más sin ser yo misma e inicié los pasos para cambiar completamente de profesión. Me formé en educación infantil, tomando la firme decisión de no volver a trabajar más en el mundo administrativo.

Más tarde llegué al yoga por casualidad, ni mucho menos me había planteado jamás ejercitarlo, pues me parecía aburrido. Siempre había pensado que yo no sería "apta" para practicarlo debido a mi nerviosismo e hiperactividad, pero ha sido todo lo contrario. Mi escepticismo me llevó a admitir el poder de transformación que esta milenaria disciplina ha ejercido sobre mí, influenciando sobremanera mi bienestar y la conexión conmigo misma.

Cuanto más me adentraba en su enseñanza, más me daba cuenta que no sólo era practicar unas asanas o ejercicios. El yoga es una filosofía de vida. Nada que ver con una secta o religión. Es ancestral. Se dice que el Maestro Jesús ya lo practicaba y de hecho hay muchas imágenes de él sentado en posición de meditación.

Decidir formarme como instructora fue todo un reto para mi. En principio no me había planteado ejercer de profesora a adultos, pero sí a niños. A pesar de ello, soy Instructora de Hatha yoga por la Yoga Alliance y también me certifiiqué en el Yoga y las Necesidades Educativas Especiales con Rye España con el objetivo de querer llegar a todos los niños. Estaba segura que les podía ayudar a través de esta metodología que para mí es la tecnología del presente y futuro, pues como te voy a demostrar, tiene múltiples funcionalidades.

El yoga te ayuda a desvincularte continuamente de tu mente y al mismo tiempo tener la sensación de estar a salvo. No puedes pensar en nada externo porque estas presente, porque estas focalizado, porque has de prestar atención en todo momento a tu respiración y cuando te quieres dar cuenta ya has llegado a la meditación, donde sientes la integración de todo el trabajo realizado.

Lo que sucede después es que notas que algo ha cambiado en ti y es tu energía vital, porque no te sientes tan estresado y ves el mundo con otros ojos, con los de la calma interior, la armonía y el equilibrio. Adquieres un nivel más alto porque te relacionas con otro talante, tu actitud cambia y ves el reflejo de tu bienestar también en el otro.

Contemplar el cambio de actitud en los niños es lo que más me ha movido para dar a conocer y potenciar esta herramienta en la educación.

Actualmente doy clases de yoga a adultos y niños y disfruto mucho en mis clases. La energía que los niños continuamente desprenden es una Maestria para mí y la agradezco. Se trata de no subestimar sus enseñanzas y estar receptivo a sus mensajes.

No hay niños difíciles sino adultos inexpertos.

Estoy segura que si tu también incorporas el yoga en tu vida notarás los cambios. Después de practicarlo durante un tiempo, gozarás de todos sus beneficios

Te sugiero que lo compruebes.

SOMOS UNO

> El Universo entero es una danza de energías vibrantes.

¿Te has preguntado alguna vez cómo se creó el Universo? Y ¿Qué influencia ejerce sobre el ser humano?

Quién más quién menos se ha hecho estas preguntas alguna vez en su vida. Este tema me parece apasionante. Si tu también lo crees, verás que en definitiva todos venimos del mismo lugar y que por tanto no ha de haber tantas diferencias entre nosotros, porque <u>todos somos uno</u>.

El siguiente fragmento extraído del libro So-Ouenn, muestra la interacción que el ser humano tiene con las energías de arriba y de abajo, es decir del cielo (o Universo) y de la Tierra:

"La energía de la tierra sube siempre hacia el cielo, la energía del cielo desciende hacia la tierra. Todos los fenómenos resultan de la ascensión y descenso ininterrumpido de estas dos energías. Entre el cielo y la tierra se encuentra el hombre. La energía del hombre resulta de la influencia de esta combinación energética del cielo y de la tierra. Y es lo mismo para todos los seres del mundo"

Lee a continuación una breve explicación científica de cómo se creó el Universo y verás si hay coherencia o no en el título de éste capítulo.

La ciencia cree saber cómo se creó el Universo pero no el porqué.

Al principio de todo no había ni espacio ni tiempo y todo empezó con una explosión, de la cual habrás oído hablar muchas veces, el Big-Bang, (o la génesis del universo). hace 14 mil millones de años. Increíble ¿verdad?

De la nada apareció una bola más pequeña que un átomo y mucho más caliente que el núcleo del sol. El universo en esos momentos era emisión de energía que se expandía y se iba enfriando formándose así las estrellas y los planetas. El universo estaba inundado de los componentes de la materia que en principio sólo era pura energía.

Todo absolutamente está compuesto de materia y ésta a su vez de átomos.

Después de la explosión comenzó el tiempo. Los átomos se empezaron a formar en el espacio, el tiempo y la materia y crecieron tanto que ocuparon el espacio de una galaxia.

Así, el universo generó la materia y la antimateria. A continuación hubo una desintegración y finalmente la materia se impuso a la antimateria.

Si el ser humano también es materia, el hecho de que tú y yo estemos hoy aquí es debido a ese acontecimiento. De lo contrario, si se hubiera impuesto la antimateria, nada existiría.

¿No te parece interesante?

Si te he despertado curiosidad, te invito a que busques en Youtube la película "El Código Moisés" que habla de la Unicidad.

"El primer sorbo de la copa de la ciencia te vuelve ateo, pero en el fondo del vaso Dios te está esperando"

Werner Heisenberg

Aunque a muchos científicos les cueste admitir aspectos de la metafísica como el hecho de la necesidad de un Dios Creador o de unos Principios Universales, lo cierto es que grandes científicos como Heisenberg, Bohr, Planck y Einstein estaban de acuerdo con las enseñanzas basadas en la Fe Bahá´is.

Éste sistema enseña sobre la unicidad de Dios, la unidad de la humanidad. No tienen clero ni iglesias, reciben a todo el mundo por igual y se reúnen en comunidades dirigidas democráticamente. Se la considera la segunda religión más difundida en el mundo, después del Cristianismo. Su doctrina se enfoca en los valores como la paz, el amor, el altruismo, la justicia y la unidad.

Para que tengas una mejor información, éste es un escrito Bahá'is:

"Dichosos aquellos que emplean sus días en adquirir conocimientos, en descubrir los secretos de la naturaleza y en penetrar las sutilezas de la verdad pura".

Religión y ciencia tienen mucho que ver. Kepler, que fue un astrónomo del siglo XVII descubrió las leyes que rigen el movimiento de los planetas y escribió la siguiente oración:

"Grande es el Señor, nuestro Dios, y su sabiduría es infinita, adoradle Cielos, glorificadle Sol y Luna, y vosotros planetas, porque de Él, con Él y en Él están todas las cosas, toda perfección y todo conocimiento".

Me parece un texto muy revelador.

Le puedes llamar como quieras, Dios, Buda, Jesús, Jehová, Alá, Universo, La Fuente, Energía Infinita, o incluso Yo Soy; lo cierto es que todos estamos interconectados y todos formamos parte de Él.

El Universo es energía (macrocosmos) y tu también (microcosmos) porque existes gracias a Él.

Te animo a que experimentes un ejercicio que a mi me estremece de emoción cada vez que lo practico.

En una noche estrellada, siéntate y mira el cielo. Obsérvalo con detenimiento, tanto que llegue un momento que sientas te fundes en su inmensidad. Fíjate lo que notas en tu interior. Estás sintiendo la energía del Universo dentro de ti. ¿Lo notas?.

Cuando vivo esos instantes y me dejo fluir por lo que percibo tengo un cúmulo de sensaciones que me conectan con esa energía tan poderosa, que es nuestro origen. Realmente lo que experimento es la unidad con todo y automáticamente algo cambia desde mi centro. La razón es obvia, estoy regenerando todo mi cuerpo y recuperando mi poder.

Compruébalo tu también, hazlo siempre que te sientas con dudas, desanimado o preocupado. Relativizarás los problemas y te sentirás mejor contigo mismo.

Siguiendo con el origen del universo, no nos podemos olvidar de los elementos que están tan presentes en nosotros. La filosofía occidental defiende que existen cinco; el aire, el fuego, la tierra, el agua y el éter. La Tierra como planeta ya estaba formada por los cuatro primeros. En consecuencia, el ser humano también es parte de ellos y no sólo a nivel físico sino también a nivel de la conciencia o del conocimiento, si lo prefieres. Verás porqué.

La Tierra es la realidad objetiva, lo más externo; el Fuego es la mente, el poder; el Aire es la intuición, lo sutil; el Éter es el Prana o Energía Vital; el Agua es la emoción nutritiva, el sentir que genera motivación. Y de ella te quiero hablar a continuación.

EL AGUA UN ELEMENTO ESENCIAL

Lo que te voy a explicar a continuación me gustaría que lo incorporaras como referencia de la influencia de éste elemento en tu vida.

Estás compuesto por un 80% de agua. Este contenido en tu cuerpo actúa en varios procesos vitales:

- Controla la temperatura de tu cuerpo.

- Actúa en la descomposición bioquímica de los alimentos que ingieres y transporta a los nutrientes como los minerales, las vitaminas y glucosa a las células.

- Está presente en la sangre, ya que el plasma sanguíneo esta compuesto por el 90% de agua y es el 55% del volumen total de sangre corporal. Por ello facilita también el riego sanguíneo.

- Destruye las toxinas y las elimina.

- Mejora la digestión.

- Es un lubricante para las articulaciones y mejora su movimiento..

- Ayuda a las reacciones químicas del cuerpo.

- Alivia la fatiga porque los órganos trabajan mejor.

- Ayuda a la concentración y mejorar el rendimiento intelectual.

- Evita los calambres musculares.

Si retrocedemos en el tiempo, el origen del agua tuvo su manifestación después de aparecer las primeras estrellas. Éstas enriquecieron el espacio con una diversidad de productos químicos, entre ellos los que forman el agua; el hidrógeno y oxígeno (H_2O).

Para Tales de Mileto, el primer filósofo de la historia, éste elemento es esencial para el sostenimiento de todo el planeta y en definitiva de los seres vivos, porque el agua es el principio de todas las cosas que existen.

El uso medicinal de este elemento es bien antiguo. Vinzenz Priessnitz (siglo XIX) fue un naturópata quien originó la medicina alternativa a través de la hidroterapia. Sus técnicas de aplicación son muy diversas; desde baños carbónicos, de oxígeno, salados; hidromasajes de duchas, chorros, baños de remolino; hasta compresas, ejercicios de natación, de movilización, etc. Tienen innumerables beneficios y por supuesto uno de ellos está en el sistema nervioso ya que reduce el estrés, la ansiedad y mejora el bienestar general.

> El ser humano está diseñado biológicamente para moverse y así movilizar su energía. La natación es uno de los deportes más completos que existen. Agua y movimiento nos dan vida y energía.

La temperatura del agua ejerce un efecto determinado en nuestro cuerpo. Lavarte la cara y las manos cada mañana con agua fría, además de despejarte, también tonifica tu circulación sanguínea y estimulas el sistema nervioso.

Acudir a un balneario y utilizar los baños de burbujas, las duchas escocesas o los baños con diferentes temperaturas, es una de las mejores opciones que contribuyen a tu bienestar y favorecen tu energía vital.

El agua es fuente de energía y como has visto, el principal componente del cuerpo humano. Por eso es muy importante que el agua que introduces en él sea buena.

Algunos terapeutas recomiendan el ayuno de agua como método de depuración corporal ya que el agua aparte de hidratarte regula la temperatura de tu cuerpo y elimina las toxinas que hay en él. Al igual que la composición del agua de tu cuerpo se pudre si no la movilizas (no haces ejercicio), y por consiguiente tu energía vital se bloquea, se apaga o enferma; lo mismo sucede con el agua cuando está embotellada, cuando deja de circular se pudre, se muere. Y la razón es muy sencilla, <u>porque el agua es un ser vivo y también tiene conciencia.</u>

¿Qué deberás hacer para que el agua que introduces en tu cuerpo haga circular mejor tu energía?

Éste es el secreto que muchas personas desconocen y que si supieran, les cambiaría su salud a mejor. El agua embotellada que normalmente bebes está preparada para que no se pudra, pero está parada energéticamente. Tan sólo con ponerla en una botella de cristal al sol, las moléculas del agua se activan. ¿Te das cuenta cómo el sol es un potenciador positivo? Si además hablas a las moléculas del agua con palabras positivas y agradeciéndola, el efecto será el mismo, al igual que si le envías pensamientos positivos. Si además movilizas tu cuerpo, practicando ejercicio diariamente, tu energía vital fluirá y no habrá una hiperactividad, sino una actividad correcta.

Cuando el volumen energético de la persona es alto, está movilizando su torrente energético y toda el agua que contiene en su cuerpo. Por ende, también mueve sus emociones. Una de las formas en que este hecho se ha podido demostrar fue con el experimento que realizó Masaru Emoto.

Este científico japonés escribió el libro "Mensajes del agua" y se dio a conocer a través de la película "Y tu qué sabes".

Su trabajo consistió en congelar unas pocas gotas de agua de Japón. Las examinó en el microscopio y las fotografió. Esa misma agua la puso en dos botellas diferenciándolas con la etiqueta a una de "Amor", la otra "Odio". El mismo experimento lo hizo poniendo a una botella música clásica enviándole buenos pensamientos y a la otra rock duro.

Los resultados demostraron la gran diferencia en las formas, siendo la de los buenos pensamientos mucho más bonitas que las de odio.

¿Puedes captar cómo TODO está relacionado? Los pensamientos provocan emociones y éstas afectan al bienestar de tu cuerpo, a tu agua. Debes dirigir bien tus pensamientos para que tus emociones fluyan en armonía y cargar el agua que bebes con la positividad que necesitas para que tu energía se vea beneficiada.

En la intención de continuar manteniendo viva esta toma de conciencia, vas a practicar un ejercicio muy positivo que te recomiendo realices cada día que tomes tu ducha o baño.

Como te he explicado, el agua es un elemento transportador de información e interactúa con tu configuración energética.

Sucede porque el agua lleva a tus células no sólo lo que necesitas a nivel orgánico sino que además lleva toda la información de todo lo que ha estado en contacto con ella y lo imprime en las células de tu cuerpo.

<u>EJERCICIO</u>

1. Antes de empezar con tu baño, lleva tus manos al grifo de la ducha e imagina que transmites la luz con el color que te venga a la mente. Deja que tu intuición te muestre el color.

2. Una vez debajo de la ducha, siente tu sistema sanguíneo, tus células y tu energía.

3. Agradece mientras te aseas, amando cada parte de ti.

4. Si sientes algo discordante, lleva tu atención allí y observa sin interpretar ni juzgar.

5. Limpia con tus manos a modo de peine, todo tu campo energético desde la cabeza a los pies.

Estás deshaciendo y transmutando todo aquello que no está en armonía con tu potencial, con tu Don, que es tu energía.

6. Permanece en estado neutral y en actitud receptiva.

7. Visualiza que todo aquello que ya no necesitas se va por la alcantarilla y te deshaces definitivamente..

8. Siéntete agradecido por esta práctica.

AGUA Y CROMOTERAPIA

¿Son importantes los colores para tí?

Aunque no les prestes suficiente atención, siempre ejercen una influencia; en tu forma de vestir de decorar tu casa o… decorar tu vida con buena salud. Y es que los colores también transmiten energía e influyen en tu estado de ánimo.

Más adelante te hablaré de las ondas de vibración, pero déjame decirte que los colores también tienen su propia vibración que corresponden a velocidades, longitudes y ritmos de onda diferentes.

Cuando puse a prueba ésta técnica pude comprobar que los colores definitivamente también influyen y son susceptibles de ejercer una acción curativa.

El siguiente ejercicio te ayudará a tomar conciencia de cuál es el color que normalmente más necesitas. Se basa en los colores de tus chacras (centros energéticos de tu cuerpo). Puedes sanar energéticamente si aplicas correctamente el color que más necesitas. Verás cómo tu energía fluye mejor.

De todas formas no crees un potencial excesivo con el color, me refiero a que todo ha de mantener un equilibrio. Utiliza esta técnica sólo cuando sientas que lo necesitas. No lo hagas solamente como curiosidad.

EJERCICIO:

Cierra tus ojos mientras piensas uno por uno en los siguientes colores: Rojo, Naranja, Amarillo, Verde, Azul, Índigo, Violeta.

Ahora quédate con uno de los colores que te haya llamado la atención. Es el color que más necesitas en este momento. Consulta en la siguiente tabla sus propiedades.

Incorpora ese color. Lo puedes hacer pensando varias veces al día en el color, vistiéndote con una prenda de ropa que lo lleve o con algún accesorio, etc.

COLOR	CARACTERÍSTICAS EN LOS CHACRAS	SU SIGNIFICADO BÁSICO
ROJO	Pasión, fuerza	Supervivencia, vitalidad, realidad, el contacto con lo terrenal, seguridad, apoyo, estabilidad, sexualidad masculina, individualidad, coraje, impulsividad.
NARANJA	Las emociones, los deseos	Armonía, los sentidos, los sentimientos, intimidad, fertilidad, la sensualidad, la sexualidad femenina, autoestima, sociabilidad, libertad, creatividad.
AMARILLO	El sentido de la vida, la luz	Personalidad, fuerza, conocimiento, inteligencia, la razón, la risa, espiritualidad, claridad, humor, optimismo, autocontrol, curiosidad, conciencia.
VERDE	Amor	Equilibrio, relaciones humanas, aceptación, autocontrol, compasión, perdón, renovación, crecimiento y curación.

AZUL	Comunicación	Expansión, curación, sabiduría, confianza, expresión creativa, planificación, organización, cautela y calma.
INDIGO	Invención	Intuición, imaginación, clarividencia, autorrealización, percepción, alivio, memoria, valor.
VIOLETA	Felicidad	Conocimiento, sabiduría, inspiración, carisma, meditación, altruismo, clarividencia.

Los colores también influyen en el agua. Una botella de vidrio de un color determinado, absorbe las vibraciones positivas específicas del color.

Vuelve a mirar la tabla y escoge de qué color quieres tus botellas de cristal y cárgalas con la energía solar o con la energía de tus manos. Tu bienestar será evidente.

Alguna vez me ha sucedido que no he podido cargar las botellas por falta de tiempo o por despiste. Para compensar, lo que hago es visualizar el agua que me tomo con el color que más me hace falta. ¡Muy sanador!.

Si quieres completar más esta información, revisa el capítulo "Los Chakras" que esta más adelante, aunque es preferible que vayas paso a paso.

Ahora, desde la toma de conciencia a nivel físico y energético que te ha proporcionado este elemento que tanto forma parte de tu vida, vas a iniciar el viaje más poderoso que jamás hayas realizado.

Vas a transitar por diferentes espacios, desde dentro hacia fuera. ¿con qué fin? Profundizar y conocerte todavía un poco mejor; para conectar con el potencial que te lleva a darte cuenta de Quien Eres realmente.

Eres mucho más de lo que jamás nadie te ha dicho y tú te has permitido ver en ti mismo.

No perdamos más tiempo, tus Dones y Talentos te están esperando para que los descubras.

EL VIAJE HACIA TU DON

¿Te ha pasado alguna vez levantarte por la mañana pensando que todo está mal en tu vida y que no eres capaz de cambiarla porque sencillamente, te ha tocado vivir así? Y a continuación ¿te invade un sentimiento de profundo pesar por tenerte de conformar con "lo que la vida ha dispuesto para ti"? En esos momentos estás en un gran desacierto y muy lejos de Quién Eres realmente.

Estás tolerando una situación que te muestra la gran distancia que existe entre la persona que manifiestas y la persona que has venido a ser con todos tus Dones y Talentos. Efectivamente, en esos momentos manifiestas tu programación errónea, estás en una baja vibración, no eres tú.

Estimado lector, si te hago esta reflexión antes de que inicies el viaje hacia tu Don no es por otro motivo que el de ayudarte a originar el orden en tu vida. Debes empezar por el principio para crear el espacio energético donde se manifiesten las sincronicidades y poco a poco te sientas libre para experimentar la libertad individual de vivir en coherencia.

Viajar es una de las actividades que más me gustan y estoy segura que para ti también lo es. Y no sólo eso, viajando es cómo aprendo. Utilizar el movimiento junto con todos los sentidos, es la forma más poderosa a través de la cual una persona con exceso de atención y energía se nutre en conocimiento y sabiduría.

Por eso, quiero que me acompañes porque este viaje no es como todos los que has hecho hasta ahora. Éste va a marcar la diferencia y en ella está la riqueza de la verdad sobre ti.

Cuando acabes de leer y poner en práctica todas las herramientas que vas a encontrar en esta guía, te sentirás rico. Porque no hay mayor riqueza que el conocimiento de uno mismo. Ésta es la llave de oro que abre la puerta a tu felicidad. Eres feliz cuando no tienes ninguna duda de todos tus Dones y Talentos. Éste es el destino de éste viaje.

Lo vas a realizar en tres cómodas etapas. Desde tu presente te vas a desplazar en una nave portentosa que es tu cuerpo. Vas a llevar tu energía por lugares increíbles elevándola y sintiendo todas las sensaciones de conquistar una nueva forma de vivir.

Mientras alzas el vuelo desarrollarás habilidades con las que deleitarás todos tus sentidos. ¿Sabes por qué? Porqué estarás en el conocimiento máximo de Quién Eres Realmente. Habrás conquistado el arma más influyente que posees, tu extraordinaria energía.

Siéntete orgulloso a la vez que humilde y confiado porque te vas a conceder el mejor regalo; <u>la libertad de ser quién tu eres.</u>

Estás a punto de embarcarte en la aventura dónde los desafíos van a ser oportunidades. Controla bien los mandos de tu energía con tu respiración y aléjate para siempre de la tormenta del pasado, de las creencias limitantes para dar paso a un nuevo comienzo, un nuevo amanecer, tu nuevo propósito de vida y la mejor versión de ti mismo.

3, 2 , 1 Despegamos..

LA TOMA DE CONCIENCIA DE TU ENERGÍA

ERES UN SER ÚNICO, PERFECTO Y COMPLETO

Llevas mucho tiempo escuchando y asimilando mensajes, experiencias, opiniones que en absoluto te ayudan a evolucionar.

Son estructuras de una programación mental ajena a ti que te han traído hasta el momento presente, pero que en realidad nada tienen que ver contigo.

¿Cuántas veces te han dicho, "no, tu no puedes", "tu no sirves", "eso es para gente muy inteligente", o "eso es para personas muy preparadas".. y comentarios de ése estilo?

Si te sientes identificado con estas frases como afirmaciones propias, estoy segura que se deben a cristalizaciones de tus creencias limitantes.

Déjame decirte que nada de todo ello tiene valor para ti ahora porque te has dado cuenta que tu objetivo no es pararte, tu propósito es avanzar para descubrir y abrir el cofre dónde ha permanecido el tesoro mejor guardado durante todos estos años, tus Dones y Talentos.

No obstante, debes ser consciente de la forma en que te hablas a ti mismo, porque como verás en las próximas páginas, las palabras que te dices tienen una repercusión directa en tu bienestar.

¿Te sorprende esta declaración?

Las palabras son el pensamiento expresado. Hay estudios que demuestran científicamente el impacto que tiene el vocabulario que utilizamos en nuestras experiencias y emociones. Todo ello modula la percepción de cómo vivimos nuestra realidad. ¿Y qué son las emociones si no energía? Éstas son las protagonistas de transformar tu existencia. Así, podríamos decir que..

PALABRAS → EMOCIONES → REALIDAD

Las palabras que te dices crean tu realidad.

Cuando te percatas de cómo es tu dialogo interno, los cambios se suceden, porque lo que te dices positivo a ti mismo tiene un efecto también en los demás.

Las palabras vestidas de emociones que salen de tu boca proceden de tu pensamiento que a su vez se ha comunicado con tu corazón. Lo que sientes en ese instante se expande desde tu interior hacia el exterior. Significa que, si te hablas con amor, eso también lo transmitirás al otro, emitiendo una vibración más alta que cuando te hablas con palabras negativas o con desprecio.

En el momento en que adviertes el impacto que tienen en ti y en los demás lo que comunicas con tu voz o por escrito, estás empezado a conectar verdaderamente con Quien Eres Realmente. Éste es el Despertar.

A partir de este momento, nada que tenga que ver con tu programa anterior va a formar parte de tu vida. ¿Por qué? Porque estás apunto de reconstruir tu nueva historia.

Sigue las indicaciones.

La toma de conciencia es el primer paso.

Desde que te despiertas tomas conciencia de tu cuerpo, de quién eres y poco a poco te pones en marcha, a seguir el ritmo que te has marcado o te marca la sociedad, viviendo muchas veces en un sinsentido.

Pero la toma de conciencia de la que te hablo va más allá, está por encima de esa monotonía.

Tomar conciencia es pararse, sentir, mirar hacia dentro. ¿Lo sueles hacer? Esto tan sencillo no requiere de un gran esfuerzo y sin embargo puede cambiar tu vida si lo incorporas diariamente.

LOS DIFERENTES NIVELES DE CONCIENCIA

Para entender tu energía debemos hablar primero en términos de dimensiones, en concreto de 5 porqué tú vibras en una dimensión determinada.

Todas las Dimensiones sirven para crear Consciencia de tu existencia.

1. La Primera Dimensión es la frecuencia básica de los átomos y las moléculas.

2. La Segunda Dimensión es la que impulsa la identidad biológica, dónde existen todas las plantas y animales.

3. La Tercera Dimensión es donde existimos los seres humanos. Es el mundo de los 5 sentidos, todo se percibe a través de la Luz y el Sonido, que es la forma más básica de expresión de la energía. La realidad se percibe de forma tangible. "Sólo lo creo si lo veo". Nos sentimos separados del Universo.

4. La Cuarta Dimensión es donde sentimos nuestra individualidad y a la vez tenemos conciencia de la integración del grupo. También se la llama inconsciente colectivo. Se manifiestan las sincronicidades, la empatía y telepatía. Tomamos consciencia de que nuestras acciones afectan al otro. Es la última dimensión donde experimentamos con el cuerpo como vehículo de aprendizaje.

5. En la Quinta Dimensión hay una mayor expansión de la conciencia y te sientes que formas parte de todo. Sientes que Eres Uno con el Universo entero. Es el amor incondicional y la aceptación de todo. Esta es la dimensión en la que todo ser humano debería estar.

Las características naturales de las personas hiperactivas y con exceso de atención, están más en sintonía con la 4ª Dimensión, aunque por supuesto también pueden haber personas que estén en la 5ª. Es mucho más raro que estén en la 3ª, pues son seres con capacidades innatas que trascienden cualquier sistema puramente materialista. Por eso, la dificultad de encajar en una sociedad dónde sólo se percibe lo tangible, lo que se ve y se puede demostrar materialmente.

Empezamos por el principio por…

LA ENERGÍA VITAL

"Su cuerpo es a la vez material e inmaterial. Usted puede optar por experimentar su cuerpo como físico o como una red de energía, transformación e inteligencia".
-Deepak Chopra-

Así es querido lector, la energía no se crea ni se destruye, sólo se transforma.

El equilibrio de la energía vital es sinónimo de buena salud.

EJERCICIO

Cierra tus ojos y respira como tu prefieras, por la nariz, por la boca, combinando ambas… Inhala y exhala con calma, con suavidad, sintiendo tu respiración, presta atención del movimiento de tu tórax, tu abdomen. Haz 5 respiraciones.

Abre tus ojos y continúa leyendo.

¿Has podido comprobar con esta sencilla práctica cómo al dejar ir tus pensamientos y concentrarte en la respiración, algo ha cambiado? Tus pensamientos, que son energía se diluyen y entras en otro nivel, el de la inteligencia infinita.

En cada civilización la energía vital tiene un nombre, en la India es el Prana y en la China es el Chi o Qi y ambas culturas la han utilizado para la curación, para regularla y encauzarla.

Según el profesor de Medicina Tradicional China Leung Kok Yuen, *"la energía ancestral representa el quantum energético que cada individuo recibe en el instante de la concepción. Está energía está ligada al individuo y a la especie y es transmitida por los progenitores (ancestros), por lo que recibe el nombre de ancestral"*. Por lo tanto, la energía ancestral es la carga de toda tu herencia, lo cual significa que todos nacemos con un potencial hereditario único.

Éste último dato es muy importante tenerlo en cuenta en la hiperactividad, pues es una de las causas por las cuales se manifiesta.

¿Y sabias que en China la energía vital no sólo se utilizaba para curar sino también para luchar?. "Wo-Shu" significa arte marcial. Sus orígenes se remontan a 2000 a.C. en China y los humanos la utilizaban para desarrollar sistemas de combate que les permitieran defenderse de los ataques tanto de animales salvajes como de otros humanos. Con esta técnica no se tocaba al enemigo, simplemente se le derrotaba con un disparo de energía. Increíble, ¿cierto?.

Pues eso no es todo. Además, con esta fortaleza se reforzaban ciertas partes del cuerpo humano, de modo que la persona estaba preparada físicamente para aguantar golpes más fuertes.

¿Puedes tomar conciencia de la importancia de tener un exceso de energía?

Si la utilizas a tu favor, ¡es tu mayor aliada.!

Pero es como todo, si no se practica o utiliza adecuadamente se "oxida" o se desaprovecha.

Esta información no se tiene en consideración en nuestra cultura occidental, probablemente si se conociera, no habría tanto bullying en las escuelas y el reconocimiento de las personas hiperactivas sería diferente, quizás se les tendría más respeto, pues no deja de ser una cualidad.

En griego energía (enérgeia) significa "actividad", "operación". En física, energía se define como la capacidad para realizar un trabajo. Pero, ¿qué sinónimos tiene la palabra energía? Fuerza, vigor, potencia, poder, firmeza, contundencia, poderío, resistencia, acción, valor, empuje, intensidad.

Entonces, si hiperactividad, significa hiper (exceso) y actividad significa energía (y todos sus sinónimos), las personas hiperactivas tienen un exceso de energía y por consiguiente un alto potencial. ¿Te parece algo negativo? En absoluto. Sólo se tiene que entender bien y aplicar correctamente.

Pero sigamos con la historia de este Don que pasa tan inadvertido para nosotros, porque la historia viene de lejos. Entenderás el porqué de todo.

En la Era del Imperio Romano (27 a.C. -476 d.C) también se conocía a la energía vital un medio para curar y básicamente hacían tratamientos transmitiendo la energía con las manos. Con la Cristiandad, esta energía tomó más importancia y llegó a ser cada vez más conocida.

Sin embargo, en la Edad Media (476 d.C. – 1453) todo cambió a la inversa. En la Inquisición se empezó a perseguir a toda persona que tuviera un exceso de energía. A éstas personas les podía pasar dos cosas bien diferentes; o bien las llevaban a la hoguera o en caso afortunado las beatificaban o canonizaban.

¿Adivinas qué hicieron con la mayoría de estas personas?

Las personas con una aptitud excepcional o un nivel de energía vital sobresaliente fueron quemadas en la hoguera.

Eran precisamente las brujas que curaban con sus manos las que fueron llevadas al patíbulo por utilizar éste método. En cambio, los sumos sacerdotes o reyes que poseían esta capacidad sólo se lo podían dar a sus súbditos, pero nunca a las personas comunes y corrientes.

¿No crees que arrastramos mucha de esa memoria en nuestros días? Sinceramente, veo mucha similitud con las personas que en la actualidad tienen un exceso de energía porque siguen estando mal vistas y se las trata con ningún tipo de reconocimiento, como pasaba en la Edad Media.

LO QUE DICE LA CIENCIA

Haciendo un salto en el tiempo, hasta finales del siglo XX la humanidad tenía más integrado el concepto de Albert Einstein sobre la energía, que es la masa por la velocidad de la luz al cuadrado.

$$E = mc^2$$

La energía y la materia son diferentes representaciones de lo mismo y son intercambiables. Con la conclusión de que la energía es la sustancia esencial en todo el Universo, ya que la materia se puede transformar en energía y la energía en materia.

Otro gran físico e inventor fue Nikola Tesla. Él decía *"Si quieres encontrar los secretos del universo, piensa en términos de energía, frecuencia y vibración"*.

¿Qué significa esto?

Todo lo que existe en el Universo es pura energía que se manifiesta a través de la vibración armónica de la Luz y el Sonido. El universo está continuamente en vibración y movimiento. Lo que no ves, el "espacio vacío" está lleno de vibraciones.

La vibración es un movimiento de ondas repetitivo.

La frecuencia es la velocidad de repetición de una onda de energía. Es la "música" en la que se mueven los átomos de tu cuerpo.

Para experimentar en ti mismo una adecuada vibración y frecuencia, vamos a hacer un ejercicio práctico muy sencillo.

<u>EJERCICIO:</u>

Vibración:

El objetivo es sintonizar con la pureza de una emoción e integrar el sentimiento.

Reconoce que tus emociones dirigen tu vida. Busca la pureza de cualquier emoción positiva como por ejemplo la del amor. No juzgues ni pienses. Siéntelo e intégralo.

Frecuencia:

El objetivo es mantener una intención clara.

Aquí es donde está todo lo que deseas: equilibrio, salud, estabilidad… Tener una intención clara con todo lo que quieres ver en tu vida. Si te sientes inseguro, no sigas. Respira y vuelve a conectar con la intención clara.

¿Por qué debes hacer este ejercicio? Te estás entrenando en el manejo y entendimiento de tu energía. Es uno de los trayectos que estás realizando hacia la conquista de tu Don.

De hecho, si pusieras atención a todos los procesos biológicos que tienen lugar dentro de tu cuerpo, puedes llegar a percibir que todo está en movimiento.

Seguramente te ha pasado que escuchas una música y te emociona. El sonido está activando la vibración de tus células que resuenan con las notas musicales y provocan en ti una emoción.

¿Significa todo esto que tu energía depende de lo que introduces en tu cuerpo? Tiene mucho que ver . Todo lo que asimilas e integras a través de tus sentidos, afectará a tu estado energético. Desde un sonido, un olor, un alimento, un tipo determinado de tacto en tu piel, una imagen…Por lo tanto <u>es muy importante cuidarte y entenderte energéticamente.</u>

EJERCICIO

Párate un momento, cierra los ojos. Imagina el lugar que más te gusta, también te lo puedes inventar. Ahora añades el olor que más te atrae, así como sientes un tacto agradable en tu piel, saboreas algo que te agrada y escuchas una música o un sonido que te encanta.

Acabas de activar todos tus sentidos. Mantén este estado todo el tiempo que puedas. Persevera siempre que te acuerdes.

¡Fantástico!. Avancemos un poco más.

Tu energía es el mayor poder de manifestación.

Siguiendo con las instrucciones de Tesla, la energía tiene la capacidad de expresarse en infinitas formas y esta expresión se logra a través de las diferentes frecuencias de vibración que la energía adopta.

La física moderna ha profundizado en el siguiente estudio:

¿Sabías que el núcleo de un átomo vibra? Sí, a unos 10^{22} Hz, (es decir,10 seguido de 22 ceros), veces por segundo. ¿Qué el átomo mismo vibra a unos 10^{15} Hz?, ¿Qué las moléculas oscilan a una frecuencia de aproximadamente 10^9 y las células vivientes a unos 10^3 Hz.? De todo ello se deduce que no hay dos átomos, moléculas o partículas subatómicas iguales.

Tesla también decía *"Más energía significa mayores poderes operativos para nuestra conciencia"*.

Ésta frase no quiero que pase desapercibida ante tus ojos.

Al tener más energía significa que también tienes mayor conciencia. Por eso es muy importante ejercitar todas las prácticas de trabajo que te lleven a la toma de conciencia.

Estimaba que la vida anhela energía y siempre elegirá el camino de menor resistencia, el ahorro de energía. Y de eso se trata, de utilizar la vida a tu favor, sin resistencia, dejando que fluya.

¿Y cómo se hace?

Piensa en el fluir de los elementos, el aire, el agua, la tierra, el fuego y el éter. Se mueven de forma natural, sin esfuerzo. Los puedes percibir a través del olor, el sabor, el tacto el oído... Vuelve a realizar si es necesario, el ejercicio de los sentidos que has hecho anteriormente.

Cualquier movimiento por sutil que sea, es energía. De la misma forma debes permitir que tu energía fluya de forma inalterada, pero para ello debes cesar cualquier control.

EL MANTENIMIENTO DE TU ENERGÍA

Cuando la energía fluye, su movimiento va de positivo a negativo, de más a menos, de lo más alto a lo más bajo. De esta forma se crea el equilibrio y no se interrumpe tu abundancia energética.

Eres un ser vivo, eres energía en estado puro y como tal formas parte de la naturaleza. Toda energía emana de una sola fuente, del sol.

Entonces, te preguntarás ¿cuál es la mejor manera de mantener adecuadamente mi energía y que ésta fluya a mi favor?

1. Aprovecha siempre que puedas, caminar por dónde haya sol.

2. Si dispones de tiempo libre y decides tomar el sol, hazlo moderadamente para no tener una sobrecarga. 15 minutos está bien.

3. Visualiza el sol cuando te sientas cansado.

4. Intenta que en tu casa haya claridad.

La luz natural mejora tu estado de ánimo, es más fácil ver el lado positivo de la vida, aumenta tu bienestar, mejora tu sueño, aumenta los niveles de testosterona en la sangre lo cual significa que favorece la vida sexual y mantiene tu vibración en un alto nivel. ¿no crees que todo ello contribuye al buen cauce de tu energía? Por supuesto, es básico. Lo verás también cuando llegues al capítulo de los Chakras.

El estancamiento de tu energía también se manifiesta con el "vacío" energético, que es otro de los síntomas que te indican que algo no va bien. Personalmente me ocurría cuando había tenido una discusión, un disgusto, cuando hacía lo que iba en contra de mí, de mis gustos, mis intenciones,…En definitiva cuando buscaba la aprobación de los demás y jamás podía crecer en mis Dones y Talentos. En este caso te recomiendo la visualización.

Está científicamente comprobado que la visualización te ayuda a conducir y dirigir tu mente subconsciente,

Este es el momento perfecto para hacer la visualización del astro Rey.

<u>EJERCICIO</u>

1. Haz unas cuantas respiraciones, (con los ojos abiertos o cerrados)

2. Cierra los ojos.

3. Lleva tu atención a tu coronilla.

4. Ahora visualiza un sol encima de tu coronilla, con su luz potente. Esa luz baja y se expande en tu interior. Es la luz que te nutre, te equilibra, te hace estar de buen humor, te sientes bien, confortable.

5. Siente además que es sabiduría, paz y tranquilidad.

6. Vuelve a conectar con tu respiración.

7. Abre los ojos.

Afortunadamente en el siglo XXI se sostiene que todo es energía y el ser humano es generador y receptor de la misma.

Si, en realidad TODO es energía, sólo que la del ser humano se expresa en diferentes frecuencias de vibración. Tenemos un campo energético propio, denominado también Aura que rodea nuestro cuerpo. Esta frecuencia energética está formada por diferentes planos (o capas). Te lo explico a continuación, vas a ir descubriendo como todo tiene su relación.

LA ENERGÍA SUTIL

Tomar conciencia de tu energía sutil, es ser consciente de Quien Eres Realmente porque entiendes cómo funcionas.

Se considera energía sutil todas las manifestaciones energéticas sutiles, suprafísicas (o espirituales) y a nivel mental o del pensamiento.

Tu vida emocional y tus sentimientos reclaman un equilibrio saludable; el de tus pensamientos con el corazón.

En 1935 el Dr y profesor Harold Saxton Burr, de Yale, Estados Unidos; descubrió el campo de potencial eléctrico.

Hay un campo de energía que conecta con todas las cosas. A este campo la ciencia lo llama Biocampo. Es el campo dónde sucede toda tu experiencia; las relaciones, el trabajo, los estudios, las sanaciones, las enfermedades, los matrimonios, divorcios.. Es desde dónde lo vives todo. Sucede primero ahí. Y desde dentro de éste campo magnético puedes influir en las cosas que te rodean, de lo que tú crees es tu realidad. Es decir, dependiendo de cómo vivas tus experiencias, así se plasmará en tu experiencia de vida.

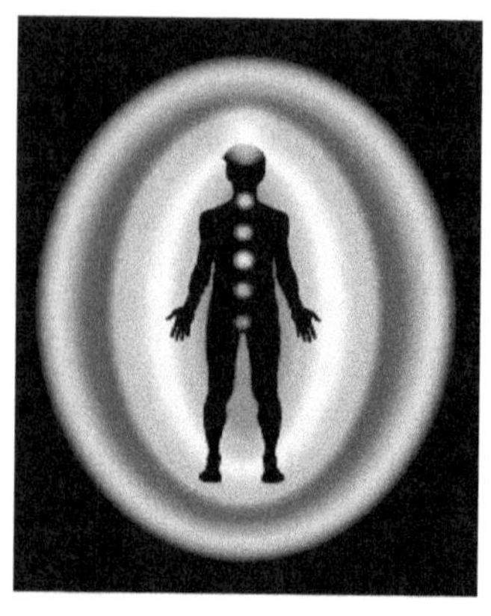

Este campo electromagnético también conocido como Aura o campo cuántico, rodea a todos los seres vivos desde las primeras etapas de su desarrollo (incluso probablemente desde el momento de su concepción) y como te he comentado se genera a partir de la transformación energética que hay en el interior de nuestro organismo y parte de nuestra actividad biológica diaria.

El Aura se ve directamente afectada o beneficiada dependiendo de cómo esté tu metabolismo, tus pensamientos y emociones, es decir, de cómo estás tú por dentro. Incluso le puede afectar las energías con las cuales interactúas (personas, plantas, animales..) y está formada por diferentes energías sutiles que varían en frecuencia.

¿Alguna vez alguien se ha ocupado de que te conozcas desde el entendimiento de cómo funciona tu energía? Me arriesgo a decir que no.

Voy a darte más detalles de qué es y cómo funciona tu campo electromagnético. Debes integrar esta información para darte cuenta de todo lo que representa la tecnología de tu energía sutil.

En concreto son 7 capas (o cuerpos sutiles):

1. Primera capa. Cuerpo etéreo. Tu conexión con la Tierra. Afecta a todo lo material y al deseo de permanecer en éste mundo. Determina la lucha por la supervivencia, los sentimientos de arraigo. Relacionada con el placer y el dolor físico. Está conectada con el chacra raíz. Es de color gris azulado

2. Segunda capa. Cuerpo Emocional. Es más etérea que la anterior y se relaciona con los sentimientos y emociones. Está conectada con el chacra del plexo solar. Puede reflejar todos los colores del arco iris, pero si la persona pasa por momentos de estrés emocional, el color puede ser grisaceo o fangoso.

   *El estado de los chacras se puede determinar por cómo sea el color de esta capa.

3. Tercera capa. Cuerpo Mental. Tus pensamientos y funciones mentales, incluido el intelecto. Cuando funciona bien, posibilita la claridad de pensamiento, la concentración y la focalización de tus ideas. Está conectada con el chacra del sacro., su color es amarillo

   Estas tres primeras capas forman el plano físico y están relacionadas con el procesamiento de tu energía en el mundo físico.

4. Cuarta capa. Cuerpo Astral. En sintonía con tu corazón y alma. Es la transición entre el plano físico y el mental o espiritual. Es dónde puedes sentir si estás con una alta o baja vibración. Está asociada con la evolución armónica, la del amor y debido a ello sintonizas con frecuencias cada vez más elevadas. Accedes a tus deseos, vives en armonía contigo y con todos. Es de color rosa y está conectada al chacra del corazón.

5. Quinta capa. Cuerpo Etérico. Es todo lo que se crea a nivel físico, pero no se puede tocar; como la identidad, la personalidad y tu energía. Tu energía es mucho más limpia, está mucho mejor canalizada. Representa un aumento de la frecuencia vibratoria de tu campo energético. Te mueves y actúas desde el equilibrio. Tu energía fluye sin bloqueos. Está relacionada con el chacra de la garganta y su color puede variar.

6. Sexta capa. Cuerpo Celestial. Se aloja la suma total del conocimiento universal. Es el tercer ojo (situado entre tus cejas), donde reside también la glándula pineal. Refleja tu mente subconsciente. Su color es perlado.

7. Séptima capa. Cuerpo Causal o Espiritual. Se manifiesta la energía más alta del mundo físico. Representa tu más alto estado de evolución, la Energía cósmica y universal. Esta capa mantiene juntas todas las demás capas de tu campo electromagnético. Está conectada con el chacra corona y su color es dorado

Podrás constatar en el capítulo dedicado a los chakras cómo cada una de estas capas (o cuerpos) corresponde a la energía de cada uno de los chakras.

¿Entiendes por qué es tan importante tener buenos pensamientos, hacer una buena dieta, etc? Todo influye en tu energía porque ésta no deja de movilizarse.

A nivel físico, éste campo electromagnético puede ser detectado mediante aparatos adecuados como la cámara Kirlian, pero cabe decir que algunas personas son capaces de percibirlo de forma natural.

Si te interesa poner a prueba tu percepción, te propongo un sencillo ejercicio. Para que tengas una mejor orientación de cómo percibir el campo electromagnético a través de la vista, pondrás el foco de tu atención en tus ojos. A través de ellos, descentras ligeramente tu visión pudiendo advertir unas partículas mínimas de energía luminosa. Se trata de fotones (que A. Einstein denominó Fotón de luz). Esto ocurre porque los fotones inciden dentro del campo electromagnético y rebotan en tus ojos. Tu retina toma esa información, la traduce en tu cerebro para posteriormente a través de varios filtros de percepción neurológicos obtener la imagen, pero en realidad no estás viendo materia sino energía.

Otro ejemplo que demuestra hasta qué punto lo que sientes influye en tu campo magnético son tus huesos y te voy a dar la explicación.

Hasta ahora se creía que también eran materia, pues la verdad es que son nanocristales de calcio y otros componentes que resuenan con tus emociones. Por lo tanto, tú eres energía y cambiando su estado cambias también tu realidad y los colores que emana tu campo magnético es la evidencia de ello.

Siguiendo esta explicación, la persona con exceso de energía tiene su aura (su campo magnético o cuerpo energético) con una potente luz.

Por eso cuando un niño es hiperactivo hay que dejar que se manifieste para no "apagar" su luz, su energía vital, su salud, su sabiduría, su naturaleza. O dicho de otra manera, cada vez que a un niño hiperactivo lo paras, estás desequilibrando todas sus capas sutiles y le puedes provocar problemas en su salud.

¿Sorprendido? Pues es muy cierto, además de afectarle a su desarrollo intelectual.

La próxima vez que sientas que el niño desborda tu paciencia, respira y piensa que hay una lección para ti y muchas alternativas que están esperando a que las descubras y pruebes para obtener sus beneficios.

Es muy importante que tu campo de energía sea resistente para que tu vida, en todos sus aspectos fluya con normalidad y a tu favor.

¿Te ha pasado alguna vez sentirte incómodo por estar en compañía de alguna persona o grupo o en un lugar?. Cuanto más sensible eres, también lo eres más para captar esta sensación de "vacío energético".

Dado que las personas hiperactivas tienen un gran volumen de energía, son un blanco fácil para todas aquellas que carecen de ella. Y éste es un tema importante, porqué puede provocar un cambio en el estado de ánimo de la persona hiperactiva, logrando que varíe su emoción sin una explicación lógica. Se puede poner más nerviosa, estresada, enojada, ansiosa o triste.

Puede suceder igualmente cuando un niño sin tu saber por qué cambia radicalmente su actitud. Algo puede haber "captado" que le ha afectado energéticamente.

Habrás oído hablar de las personas tóxicas. Ellas son las principales causantes de "robarte" la energía. Debes estar muy atento con quien te relacionas porque en un descuido te puede dejar con una vibración bajísima.

¿Y qué puedes hacer si eso te sucede?

Primero has de decidir cómo te quieres sentir. Me explico. Como este trabajo es todo a nivel subconsciente, la persona que te está quitando la energía no sabe que lo está haciendo y tú en ese momento tampoco lo sabes, sólo lo sientes, pero como muchas veces dejas que tu mente interfiera con mensajes como "he de aguantar igualmente estar aquí", "no puedo decirle que no", "qué pensará si ahora me voy", etc., llegará un momento que te sentirás mal. Así que si quieres cambiar tu realidad, cuando sientas que estás en un lugar en el que no te sientes a gusto o ves una persona que te transmite "mala onda":

1. Apártate (físicamente o con una orden energética que decides no estar más ahí o con esa persona).

2. Protégete energéticamente. Visualiza que tu aura está protegida por una pirámide del color que venga primero a tu mente y da la orden que se mantenga todo el día.

3. Eleva tu frecuencia para generar tu vibración personal, esa con la que te sientes animado y positivo.

El siguiente decreto es increíblemente poderoso en situaciones de emergencia y mantendrá tu energía protegida de cualquier ataque energético. Sólo necesitas aprendértelo de memoria.

"Yo disuelvo, cancelo y transmuto cualquier energía negativa que se acerque o intente acercarse a mi. Yo sólo permito luz. Doy mi total autorización y permiso a la luz para que ésta me llene, me cubra y me proteja. Gracias. Gracias. Gracias".

No hace falta que lo creas firmemente, sólo aplícalo con la intención que te ayude cuando te tengas de enfrentar a situaciones de baja frecuencia.

Como dato interesante, te diré que los números también tienen su propia energía y repetir 21 veces un decreto es incluso más potente, porque queda grabado para la eternidad.

A veces el grado de desesperación del ser humano es tan considerable, que cualquier trabajo energético se debe multiplicar varias veces. Según aprendí de mi Maestra, son 3, 9 o 21 veces para que tenga más fuerza. Es tu energía pidiéndotelo. La repetición te hará sentir la liberación. No me creas, compruebalo por tí mismo.

Durante muchos años antes de salir de casa pronunciaba decretos de protección. Me parecía mágico su efecto. No tenía problemas cuando lo ponía en práctica, pero cuando me descuidaba, algo se filtraba en mi campo energético y mi vibración bajaba en picado. El efecto era automático.

Quizás te preguntes si los niños también hay que protegerlos. La respuesta es sí. Ellos son muy susceptibles a las energías externas. porque sobre todo los bebés no tienen un sistema de chakras suficientemente desarrollado, sólo el Corona (7º).

A partir de los 7 años sus puntos energéticos se van desarrollando y también lo hace su aura.

La siguiente práctica a modo de juego será muy efectiva para fortalecer su energía interior y además le ayudará a tomar conciencia de su cuerpo físico.

EJERCICIO

Imaginar que infla un globo que está en el interior de su barriguita y poco a poco con la exhalación se va desinflando. Hacerlo unas cuantas veces. Este ejercicio también puede ser una buena excusa para practicar en momentos que el niño esté sobreexcitado porque contribuye a la canalización de su exceso energético.

Para fortalecer la energía interior del adulto, aconsejo el **ejercicio** que te detallo a continuación:

Durante 3 minutos:

1. Inspirar visualizando una luz dorada que viene del universo, baja hasta tu corazón, por fuera de tu cuerpo físico.

2. Exhalas expandiendo esa bola.

3. Inspiras y al exhalar expandes la luz dorada creando una burbuja dorada que va cubriendo todo tu cuerpo físico y aura, que suele ocupar unos 3 metros de amplitud.

¡Se constante y verás los cambios!

Recuerda que si eres una Persona Altamente Sensible (PAS) todo te afecta sobremanera. De hecho, cualquier perturbación altera tu energía, que es la que continuamente se está comunicando con tu campo energético. Para que no te afecte excesivamente la actitud de de los demás o lo que puedas captar de ellos, también puedes integrar los siguientes hábitos:

1. Medita o reza al menos 10 minutos antes de levantarte. Es una forma de mantener tu energía contigo.

2. Da las gracias cuando acabes tu oración, meditación, afirmación o decreto. Yo normalmente lo hago tres veces. Digo: Gracias, gracias, gracias. Siempre me lo han enseñado así y la razón es porque el número 3 en numerología es muy significativo. El número 3 representa el TODO.

3. Utiliza los colores. Visualiza una campana etérica o una pirámide del color que te venga a tu mente como protección y colócatela por encima de tu campo energético, respira en ése color sintiéndote protegido.

4. Puedes visualizar también cuarzos y cristales, figuras geométricas.

5. Afirmaciones protectoras. Por ejemplo: yo soy el poder en acción, yo soy el equilibrio y salud perfectos, me permito mi paz interior, yo soy y estoy en mi centro…Puedes hacerla personal.

6. Bañarte en agua con sal. La sal limpia cualquier densidad que hayas podido acumular.

7. Ves a la naturaleza siempre que puedas. Abraza árboles, respira llenando tus pulmones del aire natural. Admira los colores y olores que la naturaleza te proporciona y siéntelos.

8. Pasea bajo el sol.

9. Escucha música por ejemplo de cuencos tibetanos, monjes budistas o música relajante que te guste.

Volviendo al principio de todo, La Tierra también tiene su propio campo electromagnético. Viaja ahora mismo al espacio, donde puedes visualizar este maravilloso planeta llamado azul que es La Tierra y su aura. Percíbete como un ave cuando hace su migración y se sirve de éste campo magnético.

LA ENERGÍA DEL PENSAMIENTO

LO QUE PIENSAS, ERES.

Ahora quiero que seas consciente del poder tan grande que tienen tus pensamientos.

Varios físicos conocidos han coincidido que la materia es pensamiento que vibra en una frecuencia inferior.

Cambiar la estructura de nuestras creencias también requiere mayores niveles de energía y es necesario una buena toma de conciencia.

**Si cambias tu pensamiento,
cambias tu realidad y la de los demás.**

Hemos visto que las palabras son muy importantes, que proceden del corazón. De igual forma tienen poder en tus pensamientos, creando tu realidad y la de tu entorno; amigos, familia, ciudad, país e incluso la del planeta y el universo porque eres co-creador. Así podemos decir que corazón y cerebro, tienen una estrecha relación, porque están en constante comunicación. Y todo ello es energía.

Cuando te focalizas en un pensamiento y además añades la emoción, todo se expande.

Si entre todos cambiásemos los pensamientos, cambiaríamos también la vibración del universo, porque todo es energía. ¿No te parece que sería una buena acción? Esto pertenece al nuevo cambio de paradigma.

Pero todavía te mantienes en tu energía sutil. Es momento de experimentar con tus centros principales de energía que merecen un capítulo aparte.

LOS CHAKRAS

Chakra significa en sánscrito rueda en movimiento. Son los puntos energéticos (estructura sutil) dónde se distribuye tu energía. Su movimiento es en espiral. Su función es la de digerir y discernir la energía (o prana) que absorbe soltando la toxina y quedándose lo que el ser necesita.

De estos puntos energéticos sutiles depende mucho cómo te sientes, cómo está tu energía. Lo ideal es que no estén bloqueados y eso sólo se puede conseguir cuidándolos.

Tenerlos equilibrados te lleva a una vida plena en todos los sentidos; mejora tu relación con la prosperidad, con tu salud, con tus relaciones..

Tomar conciencia de que los debes mantener sanos, te ayuda a mejorar tu vida y transformar tu estructura física, energética o sanar cualquier parte que necesites. ¿Te estás percatando de lo importantes que son? Espero que sí, pues de ello depende tu bienestar y calidad de vida.

Verás también en el capítulo dedicado a la meditación cómo incorporándolos a tu sesión y haciéndolos conscientes puedes auto-sanarte energéticamente.

Estas ruedas de energía son estructuras con su propia consciencia que hacen su función de forma automática. Entenderlos te ayuda a conectar con ellos y por supuesto a entender tu energía.

¿Recuerdas cuando hablábamos del campo electromagnético o Aura y su correspondencia con cada uno de los chacras? Ello se debe curiosamente a que la capacidad de contención energética que tienes, delimita el equilibrio en los chakras y tu aura también se ve afectada.

Ciertamente, la medicina convencional no toma en consideración todas estas razones. No obstante, ayuda mucho a entender por qué hay seres que tienen un exceso de atención y energía; cómo les afecta, por qué, cuál es el origen y paralelamente cómo desde la ecuanimidad hallar la solución.

El ser humano necesita saber la verdad de un asunto porque… la verdad te hace libre.

Mi descubrimiento a todo ello fue muy lento, pero progresivamente fui sintiendo el alivio de que había una razón superior. ¡Muy liberador!.

La información de estos centros energéticos no se ha acabado aquí, vamos a hacer una práctica.

EJERCICIO

1. Ponte sentado en una postura cómoda con la espalda erguida.

2. Cierra los ojos y respira con suavidad.

3. Visualiza tu cuerpo dirigiendo tu atención a tu columna vertebral.

4. Sigue observando tu columna hasta que llegue un momento que tu mirada interna se fija en un punto. Detente ahí y envía una vibración de amor.

5. Sigue con tu respiración suave y poco a poco abres los ojos.

¿Qué has hecho? Has utilizado tu intuición para deshacer un desequilibrio.

Con la información que sigue, mira hacia qué chakra u órganos has detectado el desequilibrio y haz el ejercicio respectivo. Visualiza también su imagen e integrala.

Debes saber que además de los 7 principales que aparecen en el dibujo de este capítulo, tenemos chakras distribuídos en hombros, codos, manos, muñecas, yemas de los dedos, caderas, rodillas, pies, etc.,

No obstante nos vamos a centrar en los 7 principales y éstos son:

1ºMuladhara:

Significado: Raíz, soporte.

Cualidades: Vínculo con la tierra, individualidad, seguridad, estabilidad, valor, salud, dominio del cuerpo físico.

Virtudes: Interés, dedicación, voluntad, cuidado, atención.

Manifestación: Yo tengo.

Sonido para equilibrio: LAM

Color: Rojo carmesí.

Función: Supervivencia.

Aspectos: Necesidades básicas, comida, casa. Estabilidad, arraigo, tranquilidad, seguridad, buena relación con lo material.

Está ubicado en la base de la columna vertebral, en el área del coxis. Determina nuestra conexión con la tierra y la materia.

Fortalece el cuerpo físico; músculos, huesos, sangre, glándulas suprarrenales y órganos sexuales.

Por otro lado es el lugar donde más intensa energía hay en el cuerpo humano, la que nos permite generar vida y cuando está excesivamente activado, se sienten deseos de saciarse a nivel sexual y así la energía retrocede.

El Miedo lo bloquea. Debido a ello puedes sentir desarraigo, culpa, temor por enfrentarte a la vida diaria. Influencia en las piernas, pies, intestino grueso, recto, huesos, glándulas suprarrenales. Puedes tener hemorroides, estreñimiento, accidentes que lesionan las rodillas, las piernas, ciática, anorexia o enfermedades óseas.

Es particularmente importante desbloquearlo porque es el punto de arranque de los tres meridianos principales. Al ser un extremo, necesitará el equilibrio, abriéndose con el séptimo chakra que es el opuesto a él.

<u>EJERCICIOS</u>

- Caminar descalzo sobre arena o césped.

- Flexionar el tronco y apoyar las manos en el suelo. Yoga.(Uttanasana). Misma postura sentados, flexionando el tronco hasta cogerte las puntas de los pies. (Paschimotanasana).

- Tumbados boca arriba hasta levantar las piernas a la vertical.

- Correr.

- Saltar.

Paralelamente recomiendo que seas consciente del sentimiento de inocencia como cuando eras pequeño. Cuida y mima tu niño interior.

2º Svadhisthana:

Significado: Dulzura.

Cualidades: Creatividad, inspiración estética, conocimiento.

Virtudes: Comprensión de la unidad, amplitud mental, tolerancia, humildad, benevolencia y amor.

Manifestación: Yo deseo.

Sonido para su equilibrio: VAM.

Color: Naranja-bermellón.

Función: Sexualidad, gozo, emotividad dando una perfecta armonía en el cuerpo, la mente y las emociones.

Aspectos: Procreación, sentimiento de familia, fluidez de movimientos, relación. Está íntimamente relacionado con el chakra del plexo solar.

Controla y energiza el intestino delgado, la parte inferior del intestino grueso y el apéndice, también tiene influencia sobre el sistema nervioso.

Tiene que ver con el placer y el fluir de la vida. Sientes culpa. Miedo a gozar, represión a cualquier tipo de placer, desprecio por el sexo. Se localiza en la región sacra, gónadas, vejiga, genitales, caderas, rodillas y región lumbar.

Si con los datos aportados sientes que lo puedes tener bloqueado, practicar los siguientes ejercicios te ayudaran a retomar tu energía desde el equilibrio.

EJERCICIOS

- Actividades acuáticas: natación, baños, duchas, jacuzzi, sauna.

- Tumbado boca arriba con las manos detrás de la cabeza, llevar las rodillas hacia el pecho y girar hacia ambos lados.

- Yoga: postura de Baddha Konasana.

- Sentado, junta las plantas de los pies. Lleva tus rodillas haciia el suelo y pega los talones a la pelvis. Alarga el torso e inclínate hacia adelante.

- Bailes y danzas de caderas como merengue, salsa o la danza del vientre.

- Relaciones sexuales.

Además de estos ejercicios físicos, intenta desinhibirte y disfruta. No reprimas tus emociones porque eso bloquea la energía que se quiere expresar.

3º Manipura:

Significado: Ciudad de las joyas. Gema brillante.

Cualidades: Bienestar físico, emocional y mental, paz, satisfacción.

Virtudes: Fortaleza, autosacrificio, pureza, veracidad, tolerancia, serenidad, equilibrio y sentido común.

Manifestación: Yo puedo.

Color: Amarillo.

Sonido para su equilibrio: RAM

Función: Fuerza de voluntad, poder.

Aspectos: Determinación, perseverancia, vitalidad, eficacia, autoestima.

Ubicado en el sistema digestivo, hígado, estómago, páncreas, sistema nervioso vegetativo, plexo solar, músculos. Es el fuego interior y el poder personal de poder asumir la propia vida con fuerza de voluntad. Tiene dominio sobre el subconsciente; da cordura e iniciativa. Es el chakra de la personalidad y juega un papel importante en la relación de la persona con el mundo, la gente, las cosas. Su energía se asocia a la capacidad de conectar, pertenecer, establecer asociaciones íntimas y duraderas como la familia, el hogar. Es en el equilibrio de éste chakra dónde se mantiene unida una pareja.

Se bloquea por la vergüenza causando enfermedades como acidez en el sistema digestivo, úlceras, diabetes, hipoglucemia, fatiga crónica. También con la sensación de inferioridad, culpabilidad, inseguridad, insatisfacción, o temor a no ser querido. Te sientes separado de quien tu eres realmente.

A veces puedes sentir un cosquilleo en esta zona, lo cual indica que hay un bloqueo porque un exceso de tu energía se ha concentrado y para canalizarla, se deberá practicar los siguientes ejercicios.

EJERCICIOS

- Jogging (caminar deprisa)

- Saltar.

- Descargar tensiones golpeando una almohada.

- Abdominales: tumbado boca arriba procura juntar la punta de los pies con las manos 15 veces seguidas.

- Sentadillas: de pie flexiona las rodillas hasta donde puedas 15 veces seguidas.

- Con los brazos estirados hacia arriba, entrelazas los dedos de las manos, gira las caderas sobre la cintura a derecha e izquierda 10 veces cada lado.

- Yoga.Dhanurasana (postura del arco). Tumbado boca abajo sujeta por detrás los tobillos con las manos y haz algunos balanceos.

Debes romper con las rutinas e inercias que te están bloqueando. Por ejemplo cambiando un hábito que te aburre.

4° Anahata:

Significado: En este lugar los sabios oyen el sonido indemne; un sonido que se da sin necesidad de entrechocar dos objetos.

Cualidades: Existencia del ser, amor, alegría, gozo espiritual, confianza, seguridad, respeto, sinceridad, desapego.

Virtudes: Simpatía, tolerancia, devoción, exactitud, energía y sentido común.

Manifestación: Yo amo.

Color: Verde.

Sonido para su equilibrio: YAM.

Función: El amor.

Aspectos: Compasión, aceptación, equilibrio en las relaciones con los demás y con uno mismo.

Ubicado en las dorsales, a la altura del corazón, en el plexo cardíaco. Puede haber problemas cardíacos, afecciones pulmonares, soledad, baja autoestima, pecho hundido, respiración superficial, melancolía, apego excesivo, codependencia, inexpresión del amor, aislamiento.

Representa el equilibrio interior y la relación que tienes con los demás. Si está activado estimula la vitalidad y la actividad en el cerebro. Es el centro de las emociones superiores, otorga estabilidad, paciencia y el equilibrio mental ante el sufrimiento o el placer. Está relacionado con el plexo solar porque ambos son emocionales y cuando se agita uno, afecta al otro.

¿Cómo estás de amor? Si odias a alguien, deja de hacerlo y envíale amorosamente tu perdón y tu amor. Primero debes amarte a ti mismo. Reconócete como un ser completo, con Dones y Talentos. Cuando alguien se cruza en tu camino es porque hay algo que aprender de esa intersección y hasta que no lo aprendas se seguirá repitiendo. Recuerda, el amor lo cura todo y tú tienes mucho para dar. Tu exceso de energía es un indicador de ello y en este caso la canalización está en el amor, el aprecio hacia el otro. Te iría muy bien entregar sin esperar nada a cambio por ejemplo ayudando a alguien todos los días. La ley del espejo dice "lo que das, se te devuelve".

EJERCICIOS

- Actividades de apertura pectoral. Por ejemplo la postura de Yoga, Matsyasana (el pez), también Ustrasana (el camello) y Bhujangasana (la cobra). También la postura del arco descrita en el anterior chacra. O simplemente de pie, cerrar los ojos dirigiendo los ojos hacia el cielo y abrir todo lo que puedas los brazos.

- La respiración completa: Inhala en 5 tiempos llenando tus pulmones mientras visualizas que empiezas por el abdomen, pecho y clavículas y exhala también en 5 tiempos en el mismo orden.

- Repasa la respiración Anuloma Viloma (que encontrarás descrita en la Etapa 2 Canalización de tu energía, Respiración) que es la respiración alterna.

- Sé amable.

- Perdona. Practica el ejercicio que está al final de éste tomo.

5º Visuddha:

Significado: Purificación.

Cualidades: Relación fraternal con los demás, diplomacia, conciencia colectiva, ser testigo de lo que sucede alrededor sin involucrarse.

Virtudes: Ternura, humildad, tolerancia, simpatía y paciencia.

Manifestación: Yo hablo.

Color: Azul claro.

Sonido para su equilibrio: HAM

Función: Comunicación

Aspectos: Expresión, inspiración, resonancia con uno mismo y con los demás, armonía con los demás, creatividad.

Localizado en las cervicales, a la altura de la garganta.

Influye en la comunicación y en la expresión, el oído y la telepatía. Es la toma de conciencia por primera vez de que los mundos internos son reales y que existimos en el mundo sutil y físico simultáneamente. Al tener este chakra equilibrado, la persona trasciende el miedo y puede expresarse en cualquier situación porque es ella ralmente.

Cuando está bloqueado hay problemas de tortícolis, dolores o irritación de garganta, desequilibrios en tiroides, agarrotamiento de hombros, dificultades auditivas, resfriados, incapacidad para expresarse, para "soltar" el control, creatividad baja o bloqueada. También puede estar bloqueado porque la persona tenga temor a hablar por miedo a meter la pata o el caso contrario, tener muchas ganas de hablar de forma continua.

Para alcanzar el equilibrio en este chakra, los siguientes ejercicios son muy recomendables y te ayudaran a desbloquear.

EJERCICIOS

- Cantar.

- Pronunciar sistemáticamente el mantra OM (o el que te guste a ti).

- Abrir la boca y sacar la lengua.

- Vocalizar.

- Leer en voz alta.

- Gritar en medio de la montaña o el bosque incluso debajo del agua.

- Girar el cuello y moverlo en todos los sentidos.

- Yoga: Halasana o (el Arado).Tumbado boca arriba eleva las piernas y llévalas por detrás de la cabeza hasta tocar el suelo con la punta de los pies. Los brazos se apoyan en el suelo o también puedes ayudarte con las manos aguantando la espalda a la altura de las lumbares.

- Practica afirmaciones hasta que las interiorices en tu personalidad. Por ejemplo. "Soy digno de amor y respeto", "Puedo expresar mis sentimientos", "Merezco ser apreciado y amado tal y como soy", "Me permito una comunicación exitosa", "Tengo una comunicación espontánea y amorosa".

Es muy importante que te lo creas, no desde el ego, sino desde el compartir y la humildad. Si a pesar de tus prácticas, te encuentras con un interlocutor hostil o distante, piensa y siente que es una deficiencia suya y no tuya que forma parte de su paradigma, no tiene nada que ver contigo.

6° Ajna:

Significado: Mando, dominar, saber, disponer.

Cualidades: Perdón, resurrección, conciencia en silencio, conciencia sin pensamientos y paz mental.

Virtudes: Reverencia, devoción, conmisceración, amor y amplitud mental.

Manifestación: Yo veo.

Color: Índigo.

Sonido para su equilibrio: OM

Función: Discernimiento.

Aspectos: Percepción visual, imaginación, intuición, clarividencia, luminosidad.

También se le llama el tercer ojo. Está situado en el centro del cráneo a la altura del entrecejo. Las personas con mucha intuición tienen este chacra muy abierto (activo); así como el desarrollo en la templanza, la grandeza, la veneración y sentimientos delicados que producen la clarividencia.

Cuando hay desequilibrio en este punto puede haber dolor de cabeza, problemas en la visión, pesadillas, confusión mental.

Los ejercicios que vendrán bien practicar los detallo a continuación.

<u>EJERCICIO</u>

- Masajear los ojos: Comenzar masajeando con los dedos índices las cejas en sentido longitudinal, luego con las yemas de los dedos masajear circularmente las sienes y alrededor de los ojos, con los dedos medios masajear circularmente los puntos medios debajo de los ojos y con los dedos índice y medio masajear circularmente con los párpados cerrados encima de los dos globos oculares, acabar frotando las palmas y colocándolas en forma ahuecada tapando los ojos.

- Yoga: El Harado, Sarvangassana, el Camello, el León.

- Visualizar formas geométricas sencillas.

- Aceptación que eres un ser multidimensional viviendo una experiencia humana.

- Usar las siguientes afirmaciones: "Escucho mi intuición y guía interior", "Honro mis sombras y aprendo de cada experiencia", "Reconozco la divinidad en cada ser", "Confío en mi sabiduría interior"

7° Sahasrara:

Significado: Multiplicado por mil.

Cualidades: Evolución espiritual, conciencia colectiva, integración, silencio, alegría y gozo espiritual sin límites.

Virtudes: Amor, compasión, altruismo y energía.

Manifestación: Yo soy.

Color: Violeta.

Sonido para su equilibrio: Silencio.

Función: Integración.

Aspectos: Expansión de la conciencia, comprensión, entendimiento.

Está localizado en la cima del cráneo. Sólo entra en funcionamiento si el individuo ha hecho un trabajo espiritual consciente y ha logrado la plenitud, ha trascendido el miedo, se ha identificado como el Yo Soy y experimentado el gozo incondicional. Se siente uno con el Universo.

Cuando está bloqueado se pueden tener depresiones, confusión, apatía, incapacidad para aprender o para comprender. También ocurre en personas que creen saberlo todo, que siempre quieren tener razón y dominar y manipular a los demás. Existe una rigidez en los sistemas de creencias, fe ciega en los dogmas establecidos y miedo a la expansión de su propia conciencia. La típica persona que se basa en "si no lo veo no lo creo" y desprecia todo lo espiritual.

EJERCICIOS

- Yoga, Viparita Karani. Tumbado de espaldas, eleva las piernas y la espalda, apoyando los codos en el suelo que sujetan la cintura.

- Cualquier tipo de meditación y de oración.

- Practica el vacío mental. Sentado con la espalda recta concentra tu atención en el vacío mental, como mínimo 20 minutos, preferiblemente con la ayuda de un mantra. Puedes cantar el mantra para tus adentros si te sientes más cómodo.

- Hacer ayuno.

- Oler el incienso, hierbas aromáticas, orar.

- Escuchar los sonidos de la naturaleza.

*En el apartado dedicado a la Meditación, incluyo una práctica sobre los 7 chakras cuyo objetivo es tu autoconocimiento. Desde que lo aprendí lo utilizo en mis clases de yoga y en mi propia práctica. Ayuda a cambiar los patrones limitantes en el subconsciente.

Como puedes observar, no se nos ha enseñado a entendernos desde estos conocimientos.

¿Crees que hemos acabado con la energía?

En absoluto. Éste es un tema muy, muy extenso e intenso. En el próximo capítulo vas a comprobar cuanta coherencia hay en todo lo explicado hasta ahora.

Vamos paso a paso para no perdernos ninguna información...

LOS MERIDIANOS

En el capítulo La Energía Vital, he hecho referencia a la energía ancestral. Y en éste también ya que es la energía que se recibe de los progenitores y precede como verás a continuación del meridiano del riñón.

Por lo tanto éste dato es muy importante que lo tengas en cuenta, ya que en tu energía llevas la carga de toda tu herencia; tu potencial hereditario propio. Significa que los patrones heredados de tus ancestros afectan a tus niveles de energía. Impresionante ¿verdad?

En los anteriores tomos te hablo del transgeneracional y la biodescodificación así como las constelaciones familiares. Muy importante que vuelvas a revisar la información. Estas técnicas trabajan la energía del clan familiar a nivel inconsciente. Es esa información que se transmite de generación en generación en forma de experiencias y emociones dolorosas, que no están resueltas o aceptadas o permanecen como secretos familiares y que se van repitiendo hasta que las sanamos y nos liberamos de ellas.

Según la Medicina Tradicional China (MTCH) la clave del bienestar y la salud se reduce a cultivar el Chi (o Qi) y ello se refleja en un adecuado caudal energético circulando armoniosamente por los meridianos.

Estos puntos meridianos tienen una relación refleja con los órganos y sistemas interiores del organismo y su equilibrio energético general.

Tenemos veinticuatro meridianos energéticos principales , que se dividen doce en cada lado del cuerpo. Cada uno de estos meridianos tiene un sentido de circulación energética y es porque están conectados entre sí; un punto inicial y un punto final que a su vez está conectado con el punto inicial del meridiano siguiente.

Pero no sólo pasa la energía a través de ellos sino también de la sangre, para luego expandirse por todo el cuerpo, con el fin de que todo el organismo pueda desarrollar sus funciones fisiológicas con normalidad.

En el libro del Nan Jing, también conocido como el Tratado de las dificultades, se dice: "La energía posee una función de calentamiento y la sangre una función nutritiva". Lo que se traduce a que la energía es la fuerza de la actividad del organismo y la sangre la fuente nutritiva.

Los desequilibrios físicos, emocionales o mentales pueden perjudicar estos canales y por ende afectará también en el libre flujo de tu energía.

Imagina que cada meridiano es un río con una ruta diferente por dónde circula tu energía, llevando fuerza vital a cada célula de tu cuerpo. Cuando el río se obstruye es porque la fuerza vital no puede llegar a una zona determinada de tu cuerpo y entonces es cuando aparece algún síntoma.

Por otro lado, el cuerpo intentará compensar esa falta de energía (o fuerza vital) hacia el lado contrario, sobrecargándolo y descompensando la carga en los órganos. Así dependiendo de qué meridiano se trate y dónde tenga la obstrucción, habrá un órgano sobrecargado o súper activo y otro aletargado.

La técnica que más se suele utilizar para retomar el equilibrio es mediante la acupuntura o la digitopuntura (tapping). Dependiendo de dónde se sienta el dolor o haya un problema que solucionar, se tratará un meridiano u otro con la intención de armonizar las energías sutiles y recobrar así el estado natural. Exactamente se utilizan unas agujas en los puntos concretos que tienen una relación refleja con los órganos y sistemas interiores del organismo.

Este método también lo pueden recibir los niños y los padres lo pueden continuar con la digitopuntura en casa.

Cuanto más armonía se manifieste en tus vibraciones naturales desde tu energía interior, menos gasto energético necesitarás.

Ya ves lo importante que es ser consciente de cómo funciona tu energía desde la salud y el movimiento. Te propongo que realices una rutina diaria para mantener tu energía equilibrada.

Normalmente las personas a lo largo de su vida tienen un proceso gradual y constante de desgaste de la energía vital. Por eso es tan importante que cuides el Don que se te ha dado y lo hagas circular por los "caminos" adecuados.

Te voy a hablar de los Meridianos y Nadis.

Empezaré por los Meridianos ya que los Nadis merecen un capítulo aparte, aunque tengan mucha similitud.

Los Meridianos están distribuídos a lo largo del cuerpo. Son canales que se dividen en primarios, que pasan por los órganos internos y en secundarios, que no pasan por ellos.

Nos centraremos en los primarios que, como te he anunciado al principio son doce y en cuáles son sus efectos al estar obstruido, es decir con poca energía o en el caso inverso, con un exceso de la misma.

Así mismo, te voy describir las posturas que ayudan a estirar y desbloquear cada meridiano.

La siguiente información referente a los meridianos la he obtenido del libro "Cómo leer el cuerpo" de Wataru Ohashi. He de decir que me ayudó mucho a tomar conciencia de mi cuerpo y de mi salud.

Meridiano del pulmón:

Cuando está obstruido:

Puedes sentir depresion y tener desequilibrios emocionales.

Cuando hay exceso de energía:

La energía puede estar reprimida y la persona puede expresar enfado.

Meridiano del intestino grueso:

Cuando hay mal funcionamiento:

Pérdida de determinación, decepción, dependencia, desesperación y amargura.

Si hay un exceso de energía:

Hay insatisfacción. La persona se siente aislada, sin amigos.

Cómo desbloquear pulmones/intestino grueso:

De pie, con los pies separados a lo ancho de las caderas, entrelaza los pulgares detrás de tu espalda e inclínate hacia abajo, estirando los brazos hacia arriba y plegando tu cuerpo.

Meridiano del estómago:

Cuando el estómago está sin energía:

Hay malhumor, frustración.

El exceso de energía:

La persona puede expresar o mucho cariño o frialdad y siente insatisfacción en la obtención de sus objetivos.

Meridiano del bazo:

Cuando la energía del bazo está débil:

La persona muestra una inquietud permanente porque piensa demasiado y puede obsesionarse por detalles que no tienen importancia.

Cuando hay un exceso de energía:

La persona puede tener diferentes niveles de energía. Demasiada compasión por ella misma y por los demás llegando a la conclusión que el esfuerzo y la comprensión son inútiles.

<u>Cómo desbloquear el meridiano que une el estómago y el bazo:</u>

Arrodillate con los glúteos entre tus piernas e inclínate suavemente hacia atrás, como si quisieras recostarte sobre el suelo. Lleva tus manos detrás de la cabeza y acomoda los pies al costado de las piernas para poder estirar un poco más.

*Si esta postura te parece muy intensa, practícala cada día hasta dónde tu flexibilidad te lo permita con el objetivo de avanzar hacia su totalidad.

Meridiano del corazón:

<u>Cuando la energía está agotada:</u>

Tensión en el plexo solar (tercer chacra).

Hay tensión nerviosa, estrés, timidez, desilision, mala memoria.

<u>Si hay un exceso de energía:</u>

Inquietud, incapacidad de relajarse y necesidad de distracción. La persona se cansa con facilidad, tiene poca resistencia, rigidez constante en el plexo solar. Ataques de risa o llanto por el menor motivo.

Meridiano del intestino delgado:

<u>Cuando hay poca energía:</u>

Desnutrición debido a la mala absorción de los nu-trientes. Falta de alegría o tristeza profunda.

Hay una incapacidad por parte de la persona de apro-vechar al máximo sus talentos. <u>Es capaz de percibir</u>

sus capacidades innatas y oportunidades en el trabajo, pero no es capaz de aprovecharlas. Eso les produce mucha frustración y dudar constantemente acerca de sus capacidades. Carece de autoconfianza.

Cuando hay un exceso de energía:

Rigidez en las vértebras cervicales y en el plexo solar, sobre todo por las mañanas.

La persona suele ser firme en sus determinaciones y acaba lo que empieza. Es inquieta, trabaja demasiado y también come muy rápido. Reprime sus emociones y tiene dificultad para relajarse. Es muy ambiciosa, pero suele no apreciar sus éxitos.

Las personas hiperactivas pueden tener en general más afectado este Meridiano, dado que una de las causas por las cuales se manifiesta la hiperactividad está en el aparato digestivo.

Cómo desbloquear el meridiano corazón-intestino delgado:

Sientate y pon los pies cerca de la ingle, enfrentados el uno con el otro. Inclina tu dorso hacia delante, uniendo las manos debajo de tu frente.

Meridiano de la vejiga:

Cuando la energía de la vejiga está agotada:

La persona suele ser tímida y nerviosa, alberga muchos miedos, es muy sensible y se queja constantemente.

Cuando hay un exceso de energía:

Es una persona que da importancia y se preocupa por detalles innecesarios. Es nerviosa, inquieta y excesivamente sensible.

Meridiano del riñón:

Los riñones controlan el miedo y el valor y <u>albergan los dones espirituales, además de todo lo relacionado con los antepasados.</u>

<u>Cuando la energía de los riñones es débil</u>:

Hay agotamiento en la energía sexual. Dficultad para dormir profundamente, propensión a sufrir fracturas ya que los riñones también influyen en la salud de los huesos. Puede haber problemas de audición por mala irrigación sanguínea en los oídos, pérdida de audición de las frecuencias altas y a veces zumbidos en los oídos.

Ansiedad y miedo permanente, así como tener falta de determinación.

<u>Cuando hay un exceso de energía</u>:

Zumbidos en los oídos, mala audición. Cansancio crónico por exceso de trabajo.

Suele sufrir de adicción al trabajo, es nerviosa, ambiciosa y perfeccionista. Tiene mucho miedo al fracaso.

<u>Cómo desbloquear el meridiano vejiga-riñones</u>:

Siéntate con las piernas estiradas e inclínate hacia adelante tratando de llegar con tus manos a tus pies.

Meridiano del triple calentador:

<u>Cuando la energía en esta zona está agotada</u>:

Es una persona muy sensible en muchos aspectos; en su piel, a los cambios de temperatura, a los cambios de estación.

<u>Cuando la energía del triple calentador es excesiva</u>:

Es una persona extremadamente cautelosa y sensible y siempre está alerta. Le disgustan los cambios de temperatura, la humedad y se cansa con facilidad.

<u>Cómo desbloquear el meridiano del triple calentador:</u>

Siéntate, cruza las piernas y toma tus rodillas cruzando los brazos en dirección opuesta a las piernas; es decir, tu mano derecha debe tocar tu rodilla izquierda y viceversa. Inclínate hace delante.

Meridiano de la vesícula biliar:

* Este meridiano se ocupa de la **distribución de la energía.**

El órgano complementario a la vesícula biliar es el hígado.

<u>Cuando la energía de este órgano está agotada:</u>

Es una persona con tendencia a estar reprimida, colérica, nerviosa y asustadiza. <u>Tiene ideas y sueña con hacer cosas, pero con frecuencia no tiene ni la voluntad ni el valor para hacer realidad sus sueños</u>.

<u>Cuando hay un exceso de energía en la vesícula biliar:</u>

Asume mucha responsabilidad y trabaja demasiado. Es impaciente y siempre tiene prisa.

Meridiano del hígado:

<u>Cuando la energía del hígado está débil:</u>

La persona dedica demasiada atención a los detalles sin importancia.

<u>Cuando hay un exceso de energía en el hígado:</u>

La persona es enérgica y obsesiva y tiene adicción al trabajo y al alcohol.

Intenta controlar la rabia y las emociones contenidas que finalmente se convierten en estallidos de cólera. Debido a ello pide disculpas y siente remordimientos.

<u>Cómo desbloquear el meridiano vesícula biliar-hígado:</u>

Sientate y extiende las piernas, manteniéndolas separadas. Tu espalda debe estar recta, levanta el brazo derecho, coloca el izquierdo al lado del abdomen y gira hacia la izquierda. Repite lo mismo con el lado contrario.

Meridiano del pericardio (o constrictor del corazón):

Proporciona energía complementaria al corazón, a la circulación y al pericardio.

Es el responsable de proveer la cantidad adecuada de oxígeno y nutrición a las células de todo el cuerpo.

<u>Cuando hay poca energía en éste órgano:</u>

Persona inquieta, distraída, con problemas para dormir.

<u>Cuando hay un exceso de energía:</u>

Inquietud o desasosiego, nerviosismo y huída de los problemas emocionales.

Este meridiano se desbloquea haciendo el mismo ejercicio que en el Triple Calentador.

¿Has tomado conciencia de cada meridiano? Te invito a que ahora lo practiques con la visualización.

EJERCICIO

1. Cierra los ojos y echa una rápida mirada interior por todo tu cuerpo.

2. Inhala.

3. Visualiza el correcto flujo de tu energía por todos tus meridianos.

4. Exhala.

5. Quédate con la agradable sensación del correcto flujo energético por todo tu cuerpo.

6. Abre tus ojos.

Acabas de enviar equilibrio interior a todos tus órganos.

Enseguida te introduzco como te había prometido en la información que hace referencia a los Nadis, pero antes me gustaría que te pararas a sentir toda la correspondencia que existe en el mundo físico con el mundo energético.

Ser consciente de cómo te sientes en todo momento te hace estar alerta de cómo estas energéticamente. O dicho de otra forma, cuando emocionalmente te sientes bien, tu energía lo refleja. Por lo tanto es muy importante cuidarla y entender su funcionamiento para que tu salud y bienestar así lo reflejen.

Y ahora seguimos con la tradición hindú. Vamos a hacer un recorrido desde la base de tu columna vertebral dónde duerme una serpiente enrollada en el hueso sacro (1r. chackra) y asciende por la médula espinal en forma de espiral hasta tu coronilla (7° chackra). Esta es la energía Kundalini, la que va activando todos tus chackras y de la que te hablo a continuación.

¡Sigamos!

LOS NADIS

Uno de los estilos de yoga que se suele practicar para equilibrar la respiración es el kundalini Yoga. Denominan Nadis a los canales del cuerpo sutil a través de los cuales fluye la energía o prana.

El prana, que se considera es la energía absoluta, en combinación con la conciencia, se convierte en vida.

A través de los chakras los Nadis de un cuerpo energético están unidos con los del siguiente cuerpo sutil y según algunos textos indios y tibetanos hablan de 72.000 Nadis.

Dentro de este contexto existen dos corrientes principales de energía que fluyen en los lados derecho e izquierdo representados por positivo y negativo cuyos nombres son Ida y Pingala.

Ida es el canal conductor por el que pasa la energía femenina, tranquilizadora (Yin).Su recorrido empieza por el lado izquierdo del primer chacra, el básico y terminando en la parte superior izquierda de la nariz.

Pingala es el canal conductor de energía masculina, estimulante (Yang). Su recorrido empieza en el lado derecho del chacra basico y termina en la parte superior derecha de la nariz.

¿Quieres saber qué tipo de energía predomina más en ti?

La energía Yin es expansiva; aporta valores de compartir, colaborar, participación, coexistencia, inclusión, solidaridad, sensibilidad, lo invisible, lo oscuro, lo inconsciente.

Las personas con más predominio de ésta energía pueden tener falta de concentración o indecisión. Es introspectiva y lo analiza todo.

La energía Yang es la creación, la actividad, acción, intención, decisión, iniciativa, combatividad, autoridad, orden, protección, poder, dominio.

Esta persona puede sentirse menos flexible o tener una actitud de defensa constante. Suele ser expresiva.

Estas corrientes de energía se cruzan formando nudos entre los chacras. Cuando estas dos corrientes positiva y negativa se equilibran, aparece una tercera fuerza que es la Sushumna, la energía que pasa por todo el sistema nervioso, desde la base de la columna hasta la coronilla, o sea desde el primer chakra hasta el último y actúan como válvulas de seguridad en el sistema de energía sutil. Cuando éstas se abren, impiden la acumulación nociva de energía dentro de nuestro cuerpo y permiten que las emociones fluyan a través del sistema libremente.

Cuando la energía fluye por el canal central Sushumna, se llama el despertar de la kundalini.

Antes has visto el recorrido que hace la energía vital a través de cada meridiano, pero todavía hay un meridiano llamado Gran Canal Central formado en dos partes que es el que correspondería con el canal Sushumna. Para que veas su similitud, su recorrido empieza en la lengua, baja por el cuerpo, pasa por los órganos sexuales y llega al coxis y se conecta con otro meridiano que sigue el mismo camino ascendiendo por la columna hasta llegar a la cabeza y baja por la nariz, hasta el extremo de la boca. Exactamente, es el mismo recorrido que hace la energía Kundalini.

En realidad tanto la Medicina Tradicional China como el yoga son diferentes escuelas de pensamiento, pero ambas coinciden en el paso de la energía vital.

Mi recomendación es que las personas hiperactivas mejor no practiquen el yoga kundalini ya que éste tipo de práctica despierta la energía y no es lo que más necesita una persona con exceso de la misma. Si realmente sientes mucho anhelo por probarlo, te sugeriría que te supervisara un Maestro de Yoga que tuviera conocimiento de tu volumen energético para controlarte mejor la kundalini.

Si realmente estás interesado en practicar yoga, los estilos que te pueden ir mejor son el Hatha Yoga, Vinyasa Yoga, Yoga Dinámico o Ashtanga Yoga. Estos estilos son de mayor movimiento del cuerpo y favorecen la flexibilidad, la coordinación, la reducción del estrés, beneficia los organos internos, y favorece el autoconocimiento.

Sin duda alguna, todas estas técnicas te llevan al manejo consciente de tu energía. ¡Todo un regalo para tí y los tuyos!, pues cuando tu estás equilibrado, lo reflejas en los demás y obtienes más de lo mismo; en las personas, situaciones, acontecimientos... El buen flujo de tu energía se convierte en tu experiencia en el presente.

¿Y sabes cúantos aspectos positivos te permite desarrollar, este equilibrio interior? Honestidad, pragmatismo, valentía, iniciativa, fortaleza, calma, humor, interés, estímulos, voluntad., disposición, determinación... Y sin detenerte en el camino, vas a continuar complementando éste viaje interior desde el silencio más profundo, el de callar tu conversación mental .

LA MEDITACIÓN

Imagínate que te conviertes en una persona plenamente feliz, que te liberas del sufrimiento de tu condición humana, que por fin entiendes el significado de la vida y de tu existencia, tu energía se canaliza para tu mayor bien y te llenas de una vibración alta constantemente. Te mantienes con buena salud y te liberas de los miedos.

¿Lo has podido imaginar? Si no es así, quiero que vuelvas a leer el párrafo anterior hasta que te convenzas de ello. ¿por qué? Pues porque con la práctica de la meditación eso es posible.

¿No me crees? Haz la prueba ahora. Te voy a conducir por la meditación, sólo déjate llevar..

<u>EJERCICIO</u>

Mientras lees…

1. Respira lentamente tomando conciencia del aquí y ahora.

2. Cuenta tus respiraciones en series de diez. Hazlo 5 veces.

3. Olvida todo lo demás, únicamente estás centrándote para penetrar en tu espacio interior, dónde tienes la semilla del amor divino.

4. Ahora cerrarás un momento tus ojos observándola y disolviéndote en ella.

5. Cuando te aparezca un pensamiento de desconexión, incorpora el mantra OM. Se trata de decir Ommm continuamente para tus adentros. Si lo prefieres también puedes sentir o pronunciar suavemente la palabra Amoooor, o Felicidaaaaad, Saluuuuud,… Repite la palabra hasta que sientas una sensación de relajación.

6. Si aún así aparecen los pensamientos, no los observes, déjalos ir, no les pongas energía.

7. Cuando lo sientas, ves abriendo los ojos.

¿Cómo te sientes? Te sugiero que esta práctica la hagas cada día un poco más larga.

Al principio los cambios son sutiles. Lo que percibirás con el paso del tiempo es que las situaciones te las tomas de diferente manera, los problemas no te afectaran tanto y lo más importante, dominarás tu mente. La toma de conciencia será fácil para ti. Habrás conseguido el principal requerimiento para tu transformación.

Nikola Tesla, el físico del que te hablaba al principio también se refiere a la meditación. Y lo hace cuando habla de incrementar la energía humana utilizando las siguientes palabras:

"Más energía significa mayores niveles de poder operativo para nuestra conciencia. Si aplicamos tiempo a esta ecuación significará que cuanto mayor tiempo sostengamos mayores niveles de energía para nuestra conciencia, más inteligencia se integrara en nuestro ser".

Sabemos que el universo está compuesto de energía que vibra a diferentes niveles. Las ondas de estas vibraciones determinan la naturaleza de la sustancia a nivel físico y psíquico. Eso es lo que sucede cuando se practica la meditación.

Sentirte positivo manteniendo un alto nivel de vibración, es primordial para tu salud y bienestar. La siguiente práctica está orientada en esta dirección, así vas creando espacio interior y tu energía se va acostumbrando a estos ejercicios de canalización.

Recuerda:

- Respirar conscientemente es la base para movilizar las energías y entrar en la meditación.

- Empezar siempre por gestionar, controlar y regular la respiración.

Busca primero un lugar cómodo, que te inspire. Si tienes tiempo suficiente prepáralo con lo que más te guste, un incienso que te agrade, velas, música relajante..

MEDITACIÓN DE LIMPIEZA Y BIENESTAR INTERIOR

EJERCICIO

1. Siéntate en una postura cómoda, con la espalda erguida, abdomen ligeramente hacia adentro, hombros relajados y ligeramente hacia atrás.

2. Tus manos pueden descansar en tu regazo.

3. Cierra tus ojos y empieza a respirar inhalando y exhalando por la nariz.

4. Siente tu respiración y visualiza cómo el aire va entrando y saliendo de tu cuerpo.

5. Inhalas un color bonito y brillante y exhalas colores más oscuros. Haz esto unas cuantas veces.

6. Ahora has vaciado lo negativo y lo has recargado con lo positivo llegando al equilibrio. Vamos a llenar la mente con palabras positivas.

7. Ahora inhala palabras positivas: compasión, tolerancia, amor, sinceridad, lealtad, paz, claridad, libertad, prosperidad, alegría, sonrisa… las que se te ocurran.

8. Exhala sintiendo que la vibración de esas palabras se quedan en tu interior, forman parte de ti.

9. Quédate sosteniendo la sensación, antes de que ningún pensamiento interfiera y cuando tu creas abres los ojos.

**TODO SUCEDE PRIMERO EN EL MUNDO
ENERGÉTICO Y POSTERIORMENTE EN EL FISICO**

MEDITACIÓN CONSCIENTE

EJERCICIO

Lee primero el ejercicio e intenta recordar cada paso.

Importante: No retener el aire si estás embarazada.

1. Cierra los ojos. Colócate sentado alargando la columna, abdomen ligeramente hacia adentro.

2. Toma conciencia de tu cuerpo y del momento presente desconectando totalmente con el mundo exterior y centrándote única y exclusivamente en el aquí y el ahora.

3. Inhala por la nariz, retén la respiración, exhala por la nariz, retén. Repite esta respiración 4 veces más.

4. Siente que tu conciencia se expande al igual que tu cuerpo cada vez que realizas una respiración.

5. Inhala, reten, exhala, reten..

6. Conecta con el chacra del corazón, con la energía del amor y siente que te alimentas de ella cada vez que respiras.

7. Inhala, exhala varias veces sintiendo esta energía.

8. Cuando tú lo consideres vas parando y volviendo para abrir tus ojos.

Esta práctica la puede hacer el adulto y los hijos que ya se sientan independientes y autosuficientes.

MEDITACIÓN DE LOS 7 CHAKRAS

1. Empieza sentado con la espalda erguida y ves respirando suave y lentamente hasta sentirte relajado.

2. Visualiza tu primer chakra proyectándole energía limpia y brillante hasta que lo veas relucir como una piedra preciosa.

3. Continua con todos los chakras, siendo consciente de sus colores y enviándoles energía hasta que cada uno de ellos los veas como piedras preciosas.

4. Visualiza cómo los 5 primeros chakras forman un tubo transparente que permite que se confundan los colores y se conviertan en energía violeta.

5. Visualiza el 6º y 7º chakra y cómo forman un tubo de energía dorada. Ahora tienes dos tubos, uno de color violeta y otro dorado.

6. Visualiza estos dos tubos y estate atento a las emociones o sensaciones que te surgen. Quedate unos minutos en este estado.

7. Poco a poco, cuando lo sientas, ves saliendo de la meditación, siendo consciente de tu respiración de forma tranquila y pausada.

¡Bien hecho! . Acabas de hacerte un regalo maravilloso.

Según un estudio realizado en la Escuela de Medicina de Harvard, revela que la meditación reduce el grosor de la Amígdala, que es el principal núcleo de control de las emociones y sentimientos en el cerebro de forma que controla las respuestas de satisfacción o miedo, la ansiedad o la preocupación. De esta manera nos mantenemos en la tranquilidad.

Actúa en las áreas del cerebro que potencian el pensamiento positivo y en el hipocampo, es decir el área encargada de los procesos cognitivos y de memoria. En una práctica constante mejora la memoria y el aprendizaje.

"La sabiduría verdadera es la que emerge de tu interior"

Socrates

Cuando incorporas la meditación en tu vida como un hábito, siempre hay un antes y un después. El estrés y la ansiedad si antes se tenían, han desaparecido.

Espero y deseo que todos estos ejercicios los puedas realizar a menudo, porque su practica permite reprogramarte con la nueva información para que puedas volver a ser aquél que fuiste antes de intoxicarte con las creencias que han limitado el buen fluir de todo tu potencial.

Ahora que ya estás más habituado a contactar desde tu interior, es un buen momento para practicar la meditación de tus chakras. Vas a poner a prueba tu intuición...

EJERCICIO

1. Te sugiero que repases la información de los chakras y los vayas visualizando en tu cuerpo. Integra la información.

2. Haz una mirada interna general. ¿Dónde se para tu atención? ¿Hay algún chakra que te haya llamado más la atención? O quizás ¿El sonido interior de algún chakra te viene más a la

mente? O ¿Has sentido algún órgano en especial? Si es así mira a qué chakra corresponde.

3. Envía ahí una frecuencia de amor. Puedes visualizar el color rosa o verde.

Frase para reflexionar:

> El verdadero coraje es el rechazo a actuar por debilidad.

Cuando tienes coraje significa que has desarrollado la valentía de no permanecer en el lugar dónde siempre te habías hallado. Te mueve el ímpetu a no ser débil. A ser quien realmente has venido a ser. Estás en el viaje de obtener todos tus Dones y Talentos. Te mereces algo especial…

¿Te gustaría cambiar tu realidad?

La alteración de la realidad tiene su principio en la meditación.

La práctica constante de la meditación te prepara para poder alterar tu realidad. ¿Quieres saber cómo?

Nada importa, sólo tu creencia que te traerá resultados. Lo que tu crees como real, se manifiesta.

EJERCICIO

Los 5 pasos para transformar tu realidad:

1. Practicar desde el principio del día.."Qué bonito sería…". Proyectar cómo quisieras que fuera tu día practicando esta frase.

2. Escribirlo para no interrumpir el proceso.

3. Añade un sentimiento de agradecimiento.

4. Visualización creativa de lo que más deseas añadiendo todo lujo de detalles. Incorporar la sensación en las emociones.

5. Dejar ir sin expectación.

6. Confiar en el proceso con la seguridad de que lo viviras en tu realidad en el momento adecuado.

¡Fantástico, te felicito! Has llegado a la última instrucción de trabajo para tomar conciencia de tu energía.

MEDITACION

=

PRACTICA TRASCENDENTE

=

MIRADA INTERIOR

En definitiva, con la meditación educas a tu mente para poder corregir situaciones controlando tu energía desde el equilibrio interior.

Si te estás preguntando qué beneficios puedes obtener incorporando la meditación en tu vida, aquí van unos cuantos:

- Afecta positivamente al sistema inmunológico.

- Reduce la presión sanguínea.

- Mejora la capacidad de concentración y atención.

- Aumenta el intelecto.

- Desarrolla la inteligencia emocional.

- Ayuda a empatizar con los demás.

- Aumenta la tolerancia al dolor.

- Mejora la memoria y las funciones cognitivas.

- Potencia la aparición de pensamientos positivos.

- Aumenta el autoconocimiento.

- Mitiga los efectos del estrés.

- Aumenta la felicidad.

Recomendaciones para la práctica de la meditación:

- ✓ Empieza meditando entre 5 y 10 minutos al día.

- ✓ Ves aumentando la duración conforme sientas que dominas tus pensamientos.

- ✓ Si meditas en postura estirada, evita dormirte. Tampoco practicar la meditación si tienes sueño. Sólo si la meditación es subliminal te puedes dormir.

- ✓ Medita en un ambiente tranquilo y sin distracciones.

- ✓ Pon el móvil en silencio y sin vibración.

- ✓ Usa ropa cómoda.

- ✓ Medita con el estómago vacío. Ideal por la mañana en ayunas. Es el momento del día dónde estás más receptivo.

- ✓ Si reservas una hora fija para tu meditación diaria, acostumbrarás a tu subconsciente a la práctica.

- ✓ Intenta mantener una postura cómoda con la columna erguida. Si esto te cuesta, mantén tu espalda apoyada por ejemplo en la pared.

- ✓ Mantén una leve sonrisa en tu rostro.

¡Excelente!.

Sólo te queda aprovechar al máximo tu gran dosis de imaginación y en eso consiste la visualización.

En este viaje hacia tu Don, qué mejor oportunidad para llegar donde quieres que sumergiéndote en el mundo donde no hay límites.

EJERCICIO

1. Incluye todas las instrucciones que te he dado en la meditación y además:

2. Ten claro tu objetivo.

3. Asegúrate que te favorece a ti y también a los demás.

4. Visualiza una imagen clara y añade los sentidos.

5. Mantén el ánimo positivo.

6. Estate receptivo.

7. Cree en ti.

Pon en práctica todo lo anteriormente indicado y a partir de hoy has de ser constante. Verás que cuando lo incorporas como un hábito es divertido y verás los cambios como se manifiestan en tu vida.

PUNTOS A RECORDAR:

- La toma de conciencia es un nuevo despertar. Es cambiar la mirada y dirigirte por el camino correcto.

- A la energía vital en oriente se le llama Prana, Chi o Qi y en la Edad Media el exceso de energía ya se empezó a considerar una especie de tabú y estaba desvalorizado hasta tal punto que las personas que lo poseían eran mayormente sacrificadas. Aspecto que ha provocado la pérdida de seguridad en el indivíduo.

- Utiliza el elemento agua a tu favor, cargándola con el sol, con los colores o con tu propia energía.

- El sol es tu principal fuente de energía. Recárgate siempre que lo necesites en las dosis adecuadas.

- Entiende tu energía para ser consciente en qué Dimensión estás. Si eres hiperactivo, comprenderás que siempre has estado en un nivel por encima de la media y ello ha provocado que se te malinterprete.

- Cuanta mayor energía posees, mayor conciencia también tienes.

- Canaliza tu exceso de energía manteniendo tu campo electromagnético (o Aura) limpio. El alineamiento viene cuando tus chakras están equilibrados.

- En tus órganos internos están vinculadas tus emociones. Si el órgano no recibe la energía vital suficiente, la emoción relacionada con ése órgano se verá afectada. De igual forma una dolencia o una determinada emoción te puede estar indicando que tienes algún meridiano bloqueado, revísalo.

- No practiques la meditación de activación energía Kundalini a menos que te dirija alguien experto. Tampoco el tipo de respiración Kapalabhati, ambas movilizan tu energía de forma reactiva y precisamente lo que te interesa es apaciguar tu energía vital.

- Si quieres tener un impacto en todas las áreas de tu vida, entonces la meditación debe estar incluida cada día.

- No te olvides de visualizar. Te estás comunicando con el universo. Asegúrate que las imágenes que le envías son las que quieres ver manifestadas.

Escribe en la siguiente página a modo de resumen, todo lo que has integrado en esta primera parte. Sabemos que la escritura tiene un poder terapéutico muy importante, así que te ánimo a que lo hagas.

LA CANALIZACIÓN DE TU ENERGÍA

"Penetrando en la Tierra yo soy con mi energía vital el sostén de todas las criaturas, y convertido en soma jugoso, nutro y doy sabor a las plantas. Transformando en calor, animo el organismo de todo lo que respira y combinándome con el aliento inspiratorio y espiratorio llevo a cabo la digestión de los alimentos".

Bhagavad Gita (550 a.C.)

Desde la Antigüedad, todas las culturas coinciden en que existe una Energía Universal que impregna y sustenta el cosmos en su totalidad como una unidad y una de sus manifestaciones es la Energía Vital de los seres vivos en una frecuencia de vibración más baja.

El Prana (o energía interna, vital) como la llaman en la India, los yoguis la canalizan a través de la respiración, la meditación y con la práctica diaria del yoga.

RESPIRACIÓN

"El propósito de la respiración consciente no es en primer lugar el movimiento del aire, sino el movimiento de la energía... Esta corriente energética no es otra cosa que la fusión del espíritu y la materia"
Leonard Orr

Has empezado este libro practicando la respiración y ¿sabes por qué? Para tomar conciencia, para darte espacio, para centrarte, para poner toda tu atención e intención en mejorar tu estado anímico diario, para llevar tu energía en un orden perfecto y que nada te pueda distraer.

¿Sabías que las circunstancias de tu nacimiento fueron extremadamente importantes y pudieron afectar mucho a las condiciones de tu primera experiencia vital?

Así lo explica el Médico ginecólogo y obstetra francés Frederick Leboyer "El hecho de que cortemos el cordón umbilical inmediatamente o no cambia la forma en que el niño recibe la respiración, y puede cambiar incluso las condiciones de su primera experiencia de vida. Si se corta el cordón inmediatamente después del nacimiento, el cerebro se siente brutalmente privado de oxígeno. El sistema de alarma queda así alterado y el organismo del niño reacciona de una forma global. La respiración se introduce en esta estructura como respuesta a una agresión. Lo primero que experimenta el pequeño al llegar a la vida es una sensación de muerte, y para escapar de ella se refugia en la respiración. El acto de respirar es para este niño recién nacido un recurso último y desesperado. De esta forma se ha producido un primer reflejo condicionado, en el que respiración y angustia quedan asociadas para siempre".

**(Fragmento extraído del libro
"Respirando" de Michael Sky)**

En tu rutina cotidiana no das importancia a tu respiración, pues se trata de un proceso automático porque es inconsciente. De esta manera menosprecias tu salud y te alejas de tu centro, de tu ser, de conocerte a ti mismo, de saber quién eres realmente. Porque la respiración te conecta a la vida, a tus Dones y Talentos. Por eso es tan importante que seas consciente de éste vehículo transformador.

EJERCICIO

Respiración consciente.

Mientras lees, empieza a prestar atención a tus próximas respiraciones, siente y observa. Cada vez que inhalas tu tórax y tu abdomen se expanden y cada vez que exhalas se contrae. Presta atención a este movimiento y experimenta las sensaciones que te causa tu respiración. Sigue leyendo, volviendo al principio de este ejercicio prestando mayor atención al sonido y significado de cada palabra mientras sientes tu respiración de forma suave, dulce y amorosa…deja que tus ojos se vayan cerrando lentamente…

En la práctica de yoga se utilizan diferentes movimientos de Pranayama (acción de controlar el proceso pránico a través de la respiración) y existen varios movimientos: Rechaka o exhalación consciente, Puruka o inspiración consciente, Kumbhaka o retención del aliento.

En las clases que imparto de yoga, resalto las fases de la respiración para prestar atención a si lo estamos haciendo a nivel abdominal, costal o clavicular y siguiendo un ritmo. El objetivo es que mientras dirigimos nuestra atención a la respiración, la mente cesa.

Los beneficios que aporta la respiración consciente a las personas hiperactivas se han de tomar en consideración:

- Es un trabajo a nivel físico, energético, mental y emocional.

- Mejora la capacitación de oxígeno y eliminación del dióxido de carbono.

- Purifica las vías respiratorias y los pulmones e incrementa su circulación sanguínea.

- Asegura la apropiada circulación de los fluidos corporales en los riñones, estómago intestinos, hígado, etc. Estimula el proceso digestivo.

- Purifica la sangre.

- Tonifica el corazón, el sistema nervioso, la médula espinal y el cerebro.

- Durante la retención, estimula la respiración celular.

- Disuelve bloqueos energéticos.

- Incrementa el nivel de energía y <u>regulariza el fluido energético dentro del cuerpo.</u>

- Mejora la memoria y proporciona claridad mental.

- Otorga calma y serenidad.

- Induce a la interiorización, concentración y meditación.

- Mejora la capacidad del cuerpo para asimilar los alimentos.

- Controla la ansiedad.

<u>EJERCICIO</u>

Respiración completa.

Atención: no hacer este ejercicio si estás embarazada.

1. Mientras lees, inhala y exhala varias veces llenando y vaciando tus pulmones igualando los tiempos de forma fluida y relajada, sin cansarte.

2. Inspira llenando los pulmones y retén el aire la mitad de tiempo que has estado inhalando y vacía espirando el aire despacio y profundamente.

3. Repetir de 4 a 5 veces más.

Una de las respiraciones más practicadas en yoga y que más benefician a las personas hiperactivas y con exceso de atención es la Nadi Sodhana o Anuloma Viloma (respiración fosa nasal alterna). Ayuda a promover el equilibrio entre los polos del cuerpo, así como la restauración de la salud. Además, calma la mente.

Te explico cómo se practica:

EJERCICIO

Respiración Anuloma Viloma

*Nota importante:

> No hacer los ejercicios de respiración si tienes o has tenido problemas pulmonares o cardíacos.

> Si estás embarazada no debes retener el aire.

1. Siéntate con la columna alineada. Con la mano derecha acomoda el dedo índice y el dedo medio en el punto entre las cejas.

2. Cierra la fosa nasal izquierda con el dedo anular, para inhalar por la fosa nasal derecha. Con los pulmones llenos de aire, cierra las dos fosas nasales, retén la respiración por un período de tiempo hasta donde puedas.

3. A continuación, suelta el aire por la fosa nasal izquierda, cerrando la fosa nasal derecha con el pulgar. Inspira de nuevo por la fosa nasal izquierda, reteniendo la respiración.

4. Suelta por la fosa derecha y continúa respirando naturalmente y alternando las fosas nasales a la hora de soltar el aire. Haz esto durante un tiempo hasta llegar a las 10 respiraciones.

Antes de introducirte en el yoga, vas a continuar con tu viaje mediante el conocimiento de la medicina tradicional de la India. El Ayurveda se considera ciencia de salud desde hace más de 5000 años y está reconocida por la Organización Mundial de la Salud (OMS) como sistema de salud.

Si realmente te sientes con ganas de cuidar no tan solo de tu cuerpo sino también de tu bienestar general, el Ayurveda es un paso más hacia tu autodescubrimiento.

AYURVEDA

"Cuando la alimentación es mala, la medicina no funciona; cuando la alimentación es buena, la medicina no es necesaria".
–Proverbio Ayurveda–

¿Sabías que tus células también necesitan energía?

A estas alturas ya debes tener claro que tener energía significa tener salud. Cuando tus células gozan de energía, con seguridad se manifestará en tí una mayor salud física y mental. Lo puedes notar de igual manera en la facilidad para la toma de decisiones y en la buena capacidad para procesar todos tus pensamientos.

El correcto mantenimiento de la salud en tus células estará directamente relacionado con una buena hidratación, oxigenación y nutrición para obtener un PH alcalino.

Debo advertirte que si tu alimentación es básicamente ácida (carnes, derivados de la leche animal, y refinados) corres el riesgo de manifestar una enfermedad ¿Por qué? Porque éste tipo de alimentos debilitan la energía de la propia célula y le resta la capacidad óptima de absorción.

Por lo tanto, lo que da vida a tus células es una alimentación alcalina, a base de frutas, verduras, semillas, productos orgánicos y por supuesto, beber agua que ayuda a drenar y sacar las toxinas.

No obstante, reconozco que para la mayoría de las personas es muy complicado realizar una dieta únicamente alcalina. Y básicamente el problema está en la desinformación y falta de hábitos.

La buena noticia es que el Ayurveda ofrece la posibilidad de lograr un equilibrio ácido-alcalino.

El objetivo del Ayurveda es mantener la salud como estado natural del ser humano y lo trata de forma única y personalizada.

Ayur significa Vida y Veda es Conocimiento. Ayurveda significa el conocimiento de la vida. Es la medicina tradicional de la India. Al ser un sistema terapéutico natural y holístico no trata sólo el síntoma sino también el estado emocional y mental del paciente, la relación con su entorno, el clima, los hábitos que tiene, su alimentación…etc.

Este sistema médico subraya que el ser humano es una representación en miniatura de la naturaleza. De acuerdo con la ley del Microcosmos y el Macrocosmos, todo lo que existe en el universo externo (el Macrocosmos), también existe en el interior del cuerpo humano (Microcosmos), ¿recuerdas que te lo he comentado al inicio de este tomo? Volvamos a hacer un breve repaso, pero esta vez nos centramos en los elementos así como en la naturaleza más sutil que existe en todos los seres.

A través del Éter (espacio) empezaron a haber vibraciones cósmicas y se creó el elemento Aire, ese movimiento generó Fuego, luego éste se derritió, se licuó creando Agua y luego se solidificó creando Tierra. El Ayurveda se sirve de los 5 elementos para explicar y tratar todo lo que sucede en la vida de las personas, desde una patología, hasta la creación de un pensamiento.

Estos 5 elementos también están en el cuerpo humano:

Éter: los espacios vacíos como la parte porosa de los huesos, los canales del cuerpo, el tracto gastrointestinal, las cavidades del corazón y del pulmón, etc.

Aire: los movimientos voluntarios e involuntarios del cuerpo humano, el habla, el latido del corazón, el sistema nervioso, el proceso del pensamiento, etc.

Fuego: la temperatura del cuerpo y las enzimas digestivas.

Agua: los fluidos del cuerpo como la linfa, la sangre, la orina o el sudor.

Tierra: huesos, cabellos, uñas, estructura ósea.

Así mismo existen tres sustancias (o cualidades) de las que está compuesto el universo; Sattva (bondad contemplativa, inteligencia; Tamas (ignorancia inerte) y Rajas (pasión activa, energía). Estas tres fuerzas principales, determinan el crecimiento espiritual de la persona.

Las combinaciones de los cinco elementos que citaba anteriormente se manifiestan en el cuerpo a través de tres estados o bioenergías llamadas Doshas:

Vata, Pitta y Kapha

Cada uno de estos estados está formado por dos elementos.

VATA. Es el principal. Se compone de los elementos Aire y Éter. Sus principales propiedades, cualidades las rige el elemento Aire. Está representado por el principio del movimiento en el cuerpo.

La persona Vata tiene dificultades para dormir, no duerme nunca de día y en la noche no logra un sueño profundo. Su digestión es variable; o comen mucho o no comen nada. Cuando se les explica algo, lo entienden rápidamente y con la misma facilidad lo olvidan. Le cuesta tomar decisiones. Muy activo, inquieto, creativo y ansioso. Inestable emocional y mentalmente, le gusta los cambios. Puede enfadarse con facilidad, pero también olvida fácilmente. Tiene muchos amigos, pero le duran poco.

Alimentos que le van bien a VATA:

A Vata le gustan los sabores dulces, agrios o salados y las bebidas calientes.

Evitar: Las meriendas frías y secas (empaquetadas y galletas) son desaconsejables. Igualmente el pan y los sabores astringentes tienden a agravar el Vata. Las bebidas frías así como las gaseosas.

<u>Carnes</u>: ayudan a equilibrar a los Vata y son mejor asimiladas en sopas.

<u>Vegetales</u>: Espárragos, remolacha, repollo, coliflor, espinacas, cebollas, guisantes cocidos, zanahorias, pepinos, rábano, anís, ajo, chiles verdes, puerros, mostaza verde, aceitunas negras, nabo, batata, calabaza, tomates, berros y calabacín.

Evitar: Alcachofas, brócoli, coles de Bruselas, repollo y coliflor crudos, apio, maíz tierno, berenjenas, lechuga, setas, aceitunas verdes, pimiento dulce y picante, patatas blancas, perejil y soja.

<u>Legumbres:</u> Garbanzos y lentejas (en pequeñas cantidades).

<u>Frutas:</u> Manzanas dulces, albaricoques, aguacates, cerezas, coco, dátiles e higos frescos, uvas rojas y moradas, kiwi, limones, mangos maduros, melones, naranjas dulces, papaya, melocotones, piña, ciruelas, pasas, fresas y tamarindo. **Debe evitar:** las frutas secas, las manzanas crudas, los dátiles e higos secos, las ciruelas, las peras, las granadas y la sandía.

<u>Lácteos:</u> La mayoría de los lácteos son recomendables para los Vata. Mantequilla, suero, queso, crema agria, ricota, leche de cabra y yogurt líquido. **Debe evitar:** los quesos duros, el yogurt natural y los helados.

<u>Semillas:</u> Trigo, avena cocida y arroz. **Evita** la cebada, cereales de maíz, centeno, yuca, salvado de trigo.

<u>Azúcares</u>: Malta de cebada, fructosa, jarabe de arroz y jarabe de arce, miel y melazas. **Debe evitar** el azúcar blanco.

<u>Aceites:</u> La mayoría, en especial: oliva, ghee, de sésamo. **Debe evitar** el aceite de linaza.

<u>Frutos secos en poca cantidad.</u>

<u>Especias:</u> Pimienta negra, cilantro, mostaza, algas marinas, vinagre, soja, albahaca, cardamomo, canela, comino, anís, menta, cúrcuma, vainilla, clavos, ajo, jengibre, mejorana, orégano, nuez moscada, romero, salvia, estragón y tomillo. **Evitar:** chile picante, chocolate y rábano.

<u>Bebidas:</u> Leche de almendras, sidra de manzana, zumos de: aloe vera, albaricoque, zanahoria, cereza, uvas, mango, naranja, papaya, piña y melocotón, leche de arroz, jugos agrios, leche de soja, vino y cerveza ocasionalmente. Casi todas las clases de té.

Evitar: Los zumos de manzana, peras, granada, ciruelas, tomate, el té negro, las bebidas con cafeína, y las gaseosas. Igualmente el té de alfalfa, cebada, achicoria, diente de león, jazmín. El té de fresas, violeta, hierba mate y clavo rojo.

<u>Suplementos vitamínicos:</u> Vitaminas A, B, B12, C, D, E y aminoácidos. Minerales como: Calcio, magnesio, hierro y zinc. El polen de abeja y la jalea real. **Debe evitar** las levaduras y la cebada verde.

PITTA: Se compone de los elementos Fuego y Agua. Sus principales propiedades y cualidades las rige el elemento fuego. Está representado por el principio del metabolismo, la transformación.

Alimentos que van bien para Pitta:

Prefieren los sabores dulce, amargo y astringente y disfrutan de las bebidas frías. Los sabores dulce, amargo y astringente disminuyen el pitta, mientras que el agrio o ácido, salado y picante lo aumentan.

<u>Vegetales:</u> Dulces y amargos, espárragos, brócoli, guisantes, coles de Bruselas, repollo, coliflor, apio, judías verdes, lechuga, hongos, cilantro, remolachas, puerros, calabaza, patatas, calabacín.

Evitar: remolachas y zanahorias, crudas, berenjenas, ajos, cebollas, espinacas, rábanos, mostaza verde, aceitunas verdes, ají picante, y tomate.

<u>Legumbres:</u> Garbanzos y habas.

<u>Frutas</u>

Manzanas, dátiles, granada, sandía, aguacates, higos, mangos, melones, naranjas, piñas, ciruelas, pasas, uvas rojas, cerezas y ciruelas.

Evitar: las frutas agrias, los albaricoques, naranjas, fresas, tamarindo, uvas verdes, bananas, limones y papaya.

<u>Lácteos</u>

Mantequilla sin sal, ricota, leche de soja, y ghee.

Evitar: los quesos duros, la crema agria, el suero de leche y los yogures congelados y con frutas.

<u>Semillas</u>

Trigo, arroz basmati, cereales secos, granola, salvado de avena y de trigo, tapioca, cebada.

Evitar: el pan con levadura, el centeno, el maíz, el mijo y el arroz integral.

<u>Azúcares</u>

Malta de cebada, fructosa, jarabe de arroz y jarabe de arce. **Debe evitar:** la miel y las melazas.

Aceites

Coco, oliva, soja, colza y girasol. Evite el aceite de maíz, almendras y ajonjolí.

Frutos secos

Todos excepto el coco.

Especias

Albahaca, comino, jengibre, menta, perejil, vainilla, cilantro, canela, anís, cúrcuma, la pimienta negra y el cardamomo.

Evitar el resto.

Bebidas

Leche de almendras, zumos de: aloe vera, manzana, albaricoque, cerezas, uvas, mango, peras, melocotones, ciruelas, vegetales mezclados, granada, leche de soja con arroz; cerveza ocasionalmente, té negro y todo los tés astringentes.

Evitar: las bebidas alcohólicas fuertes y el vino, la sidra de manzana, gaseosas, café, chocolate; las bebidas con hielo, la limonada, zumo de naranja, de piña, de granada, papaya y tomate. Igualmente no puede consumir el té de albahaca, canela, clavo, eucaliptos, jengibre y salvia.

Suplementos vitamínicos

Vitaminas D y E, minerales como: calcio, magnesio y zinc. Debe evitar los aminoácidos, el polen de abeja, la jalea real las vitaminas A, B, B12, y C.

Evitar: el hierro.

KAPHA: Se compone de los elementos Agua y Tierra. Sus principales propiedades y cualidades las rige el elemento Agua. Está representado por el principio de cohesión, la estructura y el crecimiento.

Alimentación que va bien a Kapha:

Su apetito es regular y la digestión es lenta. Les gusta la comida picante, amarga y astringente.

Vegetales

Alcachofas, espárragos, remolachas, brócoli, coles de Bruselas, repollo, zanahorias, coliflor, apio, cilantro, rábano, berenjenas, anís, ajo, judías verdes, chile verde, lechuga, setas, puerros, calabaza, mostaza verde, nabos, pimientos dulces y picantes, cebolla, guisantes, perejil, alubias germinadas, maíz, patatas, espinaca, tomates, berros y alfalfa, calabacín.

Evitar: los pepinos, aceitunas, batata, tomates crudos y calabacín.

Legumbres

Alubias rojas, garbanzos y habas.

Frutas

Astringentes. Manzanas, compota de manzana, albaricoque, frambuesas, cerezas, higos, melocotones, peras, granadas, ciruelas, pasas y fresas.

Evitar: los aguacates, bananas, peras, coco, dátiles e higos frescos, naranjas, uvas kiwi, limones, limas, mangos, melones naranjas, papayas, piñas, tamarindo y sandía.

Lácteos

Mantequilla sin sal, ricota, leche de soja, ghee, leche y queso de cabra.

Evitar : la mantequilla con sal, la leche de vaca, el suero, los helados, la crema agria, y el yogurt natural o con frutas.

Semillas

Trigo salvaje, cebada, maíz, granola, avena, arroz basmati, centeno, salvado de avena y de trigo, tapioca, cebada. **Debe evitar** el pan con levadura, la avena cocida y el arroz blanco o integral.

Azúcares

Zumos concentrados, miel cruda. Debe evitar la malta de cebada, la fructosa, el azúcar blanco, y los jarabes de arroz y arce.

Aceites

Maíz, girasol, ghee, y almendra. Debe evitar el aceite de aguacate, albaricoque, coco, oliva, ajonjolí, soja y nuez.

Frutos secos

Todos excepto almendra, coco, pistacho, cacahuete, y avellana.

Especias

Todas menos la sal

Bebidas

Sidra de manzana, zumos de: aloe vera, albaricoque, zanahorias, cereza, uvas, mango, peras, melocotones, ciruelas, vegetales mezclados, granada, leche de soja, vino ocasionalmente y todos los tés fuertes, canela, clavo, eucaliptos, jengibre, menta, fresas y frambuesa.

Evitar: las bebidas alcohólicas, gaseosas, café, las bebidas con hielo, la limonada, jugo de naranja, de piña, de granada, papaya y tomate. Igualmente rechace el té de jengibre rojo.

<u>Suplementos vitamínicos</u>

Vitaminas A, B, B12, C, D, y E. Minerales como calcio, cobre, hierro, magnesio y zinc. Aminoácidos, polen de abeja, y jalea real.

Evitar: el potasio

Las tres energías vitales interactúan y fluctúan entre ellas guardando cierto equilibrio dependiendo de tu constitución. Si bien en cada persona residen todos los tipos de energía, por lo general uno es el dominante.

Cuando en tu cuerpo tienes las cantidades justas de cada elemento significa que estás en armonía con tu naturaleza y lo que está dentro también se te devuelve afuera: transmites belleza, te sientes bien, estás de buen humor, positivo, te sientes radiante y feliz.

Sin embargo la mayoría de las personas tienen un desequilibrio en estas energías y se puede deber a una dieta incorrecta, el estrés en el trabajo, en el hogar o a los cambios de estación.

Todo ello se traduce en la acumulación de toxinas en el cuerpo y la mente. Según el Ayurveda, las enfermedades se producen por el desequilibrio de estas energías (los Doshas).

Supongo que debes estar expectante por saber cuál es tu constitución.

¿Quieres saber qué tipo de energía eres?

El Test para saber cuál es tu Dosha te ayudará a entender cómo funciona tu energía vital y podrás equilibrarla modificando el tipo de alimentos que ingieres y cambiando hábitos.

TEST AYURVEDA PARA SABER CUAL ES TU DOSHA

1.- CONTEXTURA:

- O Delgado,huesudo (V)
- O Moderada (P)
- O Grande, Robusto, bien desarollado (K)

2.- ESTATURA:

- O Muy alto o muy pequeño (V)
- O Mediana (P)
- O Generalmente pequeños,pero pueden ser altos y grandes (K)

3.- PESO:

- O Dificultad para ganar peso (V)
- O Mediano,pueden ganar o perder peso con facilidad (P)
- O Generalmente con sobrepeso, dificultad para perderlo (K)

4.- BRILLO DE LA PIEL:

O Opaco (V)

O Rojo, lustroso (P)

O Blanco, pálido (K)

5.- TEXTURA DE LA PIEL:

O Seca, áspera, fría, rugosa, venas prominentes (V)

O Caliente, grasosa, húmeda, pecas, acné (P)

O Gruesa, fría, bien lubricada (K)

6.- TEMPERATURA DEL CUERPO:

O Manos y pies fríos (V)

O Caliente (P)

O Frío o normal (K)

7.- PELO:

O Seco, fino,crespo (V)

O Oleoso, calvicie prematura, canoso (P)

O Fuerte, ondulado, lustroso (K)

8.- FRENTE:

O Estrecha (V)

O Moderada, surcos (P)

O Ancha (K)

9.- OJOS:

O Pequeños, nerviosos (V)

O penetrantes, se irritan fácilmente (P)

O Grandes, atractivos, pestañas grandes (K)

10.- DIENTES:

O Irregulares pequeños, mal formados (V)

O Regulares, encías sangran con facilidad (P)

O Grandes, bien formados (K)

11.- LENGUA:

O Áspera (V)

O Suave, rosada (P)

O Gruesa (K)

12.- CARA:

O Pequeña,arrugada, seca (V)

O Delicada, rojiza, perfil agudo(P)

O Grande, agradable, perfil suave (K)

13.- TORAX:

O Estrecho (V)

O Desarrollado moderado (P)

O Ancho, bien desarollado (K)

14.- HUESOS:

O Delgados, articulaciones crujientes (V)

O Medianos, articulaciones flojas (P)

O Gruesos, articulaciones fuertes (K)

15.- UÑAS:

O Quebradizas, ásperas (V)

O Suaves, rosadas(P)

O Ancha (K)

16.- SUEÑO:

O Ligero, con interrupciones (V)

O Variable (P)

O Profundo, excesivo (K)

17.- LE DISGUSTA:

O El frío, la sequedad (V)

O Substancias y atmosfera caliente (P)

O Sustancias frías y aceitosas, atmósfera hume-
da (K)

18.- APETITO:

O Variable, nervioso (V)

O Grande, irritable si debe saltar la comida (P)

O Moderado pero constante (K)

19.- SED:

    O Escasa (V)

    O Generalmente sediento (P)

    O Moderada (K)

20.- HABITOS INTESTINALES:

    O Heces duras, secas, costipac(V)

    O Heces suaves, sueltas, tendencia a la diarrea (P)

    O Regular, heces normales (K)

21.- ORINA:

    O Escasa (V)

    O Abundante, amarilla intensa (P)

    O Moderada, clara (K)

22.- SUDORACIÓN:

    O Escasa sin olor (V)

    O Profunda, olor intenso (P)

    O Moderada (K)

23.- MEMORIA:

    O Rápida, tendencia a olvidar (V)

    O Aguda, clara (P)

    O lenta pero constante (K)

24.- COMPRENSIÓN:

O Espontánea (V)

O Promedio (P)

O Requiere tiempo para comprender (K)

25.- REACCIÓN AL ESTRÉS:

O Miedo y ansiedad bajo estrés (V)

O Frustración, irritabilidad, enojo bajo estrés (P)

O Maneja bien el estrés (K)

26.- RESISTENCIA A LA ENFERMEDAD:

O Pobre, sistema inmunológico variable(V)

O Mediana, tendencia a las infecciones (P)

O Buena, consistente, sistema inmunologico fuerte (K)

27.- ENFERMEDADES FRECUENTES:

O Alteraciones nerviosas y mentales, dolores neurálgicos y de las articulaciones (V)

O Enfermedades infecciosas e inflamatorias, trastornos sanguíneos (P)

O Enfermedades sistémicas y respiratorias, edema, mucosidades, inflamavción articular (K)

28.- SEXUALIDAD:

O Interés sexual variable, fantasía sexual activa (V)

O Interés e impulso sexual alto (P)

O Interés e impulso sexual constante (K)

29.- ESTADO DE ANIMO:

O Ideas y estado de animo cambiables (V)

O Intenso al expresar ideas y sentimientos(P)

O Estable, confiable, lento para cambiar ideas (K)

30.- PREFERENCIAS CLIMATICAS:

O Climas calientes, sol, humedad (V)

O Climas fríos bien ventilados (P)

O Cualquier clima siempre que no sea humedo (K)

31.- ACTIVIDAD:

O Inquieto (V)

O Moderado (P)

O Se mueve lentamente (K)

32.- TEMPERAMENTO:

O Nervioso, cambiable (V)

O Motivado, intenso (P)

O Conservador (K)

33.- EMOCIONES POSITIVAS:

O Adaptabilidad (V)

O Valor, coraje (P)

O Amor (K)

34.- EMOCIONES NEGATIVAS:

O Miedo (V)

O Cólera (P)

O Apego (K)

35.- FE:

O Variable, errática (V)

O Fuerte, determinado (P)

O Sostenida, lenta en cambiar (K)

¡Perfecto!. Ahora cuenta todos los resultados de cada uno de los Doshas y verás cuál es tu dominante. Coge éste y el siguiente de puntuación más alta porque son los que vas a trabajar más.

RESULTADO DEL TEST

Vata ...... :

Pitta ...... :

Kapha ...... :

No soy adivina, pero si has sido sincero al contestar el test, seguro que el Vata te ha salido alto y el Pitta también. Aunque todos tenemos un poco de los tres Doshas, normalmente las personas con un exceso de atención y energía somos la combinación de Vata - Pitta o Pitta-Vata, es muy extraño que haya Kapha y si lo hay, en un % muy bajo.

Te voy a dar ahora la información para que puedas llegar a tu equilibrio.

Los nuevos hábitos para llegar al equilibrio:

VATA. Es una persona muy volátil, se mueve muy deprisa, pero no tiene resistencia porque a la larga se agota rapidamente. Tiene mucha energia, pero poca calma. El cambio esta muy presente en su vida. Puede ser cambio de trabajo, de casa, de pareja... Suelen ser personas frágiles que se vienen abajo con facilidad. Con tensión mental y emocional que les provoca estados de ansiedad, depresión, tristeza, angustia... Todo ello les baja el apetito y la energía.

Necesita relajación, conocimiento de uno mismo, buscar equilibrio. La práctica de yoga ha de ser con ejercicios suaves. Son buenas las asanas de pie como El Árbol, Trikonasana, también los Saludos al

Sol, La Cobra, la postura del muerto "Shavasana", También caminar y hacer estiramientos lentos. Hacer meditaciones guiadas o simplemente estar en silencio durante 15 o 20 minutos.

Le benefician los alimentos con sabor salado, agrio y dulce. Tomar cada día aceite de oliva, ponerlo en los alimentos cocidos o pan caliente. Preparar sopas, comer fruta, alimentos cocidos como patata dulce, zanahoria, calabaza. Comer asiduamente nueces. Agregar especias como la cúrcuma, el cilantro, la pimienta negra, comino.

Necesita agua tibia, masaje y baños de relajación.

NUNCA: lavarse la cabeza con agua o muy fría o muy caliente.

PITTA. Es una persona extrovertida, pasional, con tendencia a los cambios de humor, con buen sistema digestivo. Puede ganar y perder peso con facilidad. No suele tener frío. Suda bastante y su olor es fuerte. Sueño moderado. Es eficiente, ordenado y organizado. Comprende las explicaciones fácilmente. Cuando está desequilibrado juzga, es autoritario, tiene ira, rabia, puede ser celoso, pero cuando está equilibrado puede llegar a ser compasivo y sensible. Tiene decisión y sabe administrar. Escoge a sus amistades según sus intereses.

Su zona es el intestino delgado y el estómago. Es dónde se acumula la acidez, el fuego para poder hacer la digestión.

El yoga sería con movimiento moderado y a la vez vigorizante aumentando el calor del fuego digestivo. Las asanas deben ser las que torsionen, también Paschimotasana, los Saludos al Sol, Shavasana. También correr, nadar o caminar.

La meditación para empezar debería ser guiada y luego pasar a meditaciones en silencio durante 15 o 20 minutos. Respiración consciente.

Ha de buscar autodisciplina, entusiasmo, alegría. Los alimentos que lo equilibran son el amargo, astringente y dulce, trabajar en equipo. Le va bien hacer voluntariado, los baños de luna.

NUNCA: lavarse la cabeza con agua ni muy fría ni muy caliente.

KAPHA. Aporta estabilidad y confianza. Suele ser lento y monótono. Puede llegar a aburrir. Cuerpo con tendencia a ganar peso con facilidad. Su digestión tiende a ser lenta. Con buen apetito, suele picar entre horas. Duerme profundamente y muchas horas. Suele ser romántico y pacífico. Tiende al apego, a la introversión y es posesivo. No suele tener muchos amigos y los pocos que tiene son sobre todo de la infancia.

Su zona es el pulmón y el pecho. Cuando está desequilibrado come mucho, tiene pérdida de motivación para acabar los proyectos, letargo, lentitud, con apegos. Cuando está equilibrado tiene un cuerpo radiante, consigue metas y tiene que trabajar la humildad y la devoción para su desarrollo porque tiene una necesidad espiritual. Le conviene descongestionar el pecho para despegar la mucosidad. La práctica que le conviene de yoga tiene 5 enfoques: fortalecer el cuerpo, eliminar toxinas, abrir el corazón, generar el amor y trabajar el apego. Asanas invertidas y de apertura de pecho como el pez, el camello.

Necesita eliminar toxinas, promover la fuerza, la devoción, el amor, el desarrollo espiritual. Los sabores son picantes, amargos y astringentes. Le conviene el ejercicio vigoroso, el canto de mantras, caminar, nadar, baños de sol.

NUNCA: lavarse la cabeza con agua ni muy fría ni muy caliente.

¡Excelente! Estás avanzando mucho en este viaje y todavía te queda mucho vuelo. Verás cómo todo va a ser un antes y un después.

El conocimiento de la vida que ofrece el Ayurveda se enfoca en el momento presente, la energía que te hace mover, tu energía vital, tu pranayama, tu luz, tu movimiento.

Ayurveda es el conocimiento de la vida y el movimiento.

Cuando corriges estos movimientos, llegas a la armonía, el amor fluye y hay unión. Se crea equilibrio en tu interior y en tu entorno porque estás conectado con la vida.

Querida lectora, ahora me dirijo exclusivamente a ti. Sé que con frecuencia te sientes como si todo lo que pretendes construir se desmorona. Tienes falta de entusiasmo por causa de contratiempos. En definitiva te sientes apagada. Quiero que enciendas el interruptor y vuelvas a conectar con esa energía que siempre te ha caracterizado.

Por eso no quiero que te pierdas el tema que te voy a introducir ahora…porque además de sana quiero que estés bella y manifestando tu energía vital de forma equilibrada y serena.

Y si eres lector, transmitir la informacón que viene a continuación puede ser un regalo maravilloso para hacer a tu pareja, o a cualquier mujer a quien te gustaría sorprender.

No obstante, hoy en día los hombres están tomando cada vez más conciencia de lo importante que es cuidar su apariencia, por lo que te aconsejo querido lector que también tomes nota en lo que a tu cuidado personal se refiere.

TU SPA ENERGÉTICO

"La piel es un reflejo de todo lo que pasa dentro de tí"

Desde el Antiguo Egipto la cosmética ha sido un culto importante por parte de hombres y mujeres . Lavarse, purificarse y depilarse eran actos cotidianos que no carecían de significado religioso.

Éste es un subcapítulo dentro de la filosofía del Ayurveda dedicado a ti, querida lectora. Quiero ofrecerte con todo mi afecto lo que considero es un gran regalo: el perfecto cuidado de tu piel, que es la envoltura con la que cubres y proteges tu templo, tu cuerpo. Para que cada día te sientas bella, con buen humor y preparada para lidiar con cualquier desafío que se te presente y le puedas poner además una sonrisa.

"En Ayurveda la belleza es el estado natural del ser. Viene de dentro hacia fuera. Estar sano por dentro para estar bella o bello por fuera".

¿Cómo se traducen el predominio de los Doshas en tu piel?

Te voy a enseñar a que tomes conciencia de tu encanto y lo potencies para que transmitas todo lo que eres por dentro a las personas de tu alrededor. Verás aparecer la magia.

¿Lo quieres comprobar?

Como mujer debes poner mucho más enfoque en tu autocuidado porque se te ha enseñado de forma masculina; con sacrificios, trabajo, esfuerzo, lucha… Tu actividad cotidiana suele ser con un alto nivel de ocupación y ello te aleja de tu feminidad, tu energía femenina.

Además, tu piel es el órgano más grande de tu cuerpo, merece ser cuidado con mucho mimo y amor.

Siguiendo con el Ayurveda, vas a ver cómo el día a día tiene un impacto en el estado de tu piel y para ello te voy a describir qué características tiene cada biotipo. Descubre cuál es el tuyo.

La persona Vata destaca por tener la piel seca, es propensa a las arrugas, la descamación y los tributos que le corresponden son seco, ligero, móvil, frío, áspero y rápido. De forma que para equilibrarse precisará de las propiedades de caliente, untuoso y pesado.

La persona Pitta tiene la piel suave y presenta mayor número de lunares, manchas, rojeces,.. Tiene sensibilidad al sol; pueden padecer alergias cutáneas y muestran respuestas exacerbadas ante picaduras de algún insecto. En la adolescencia (enfado con el mundo), suelen aparecer los eccemas, las inflamaciones, infecciones. Las verrugas suelen salir más a partir de los 50 años y significa que hay algo que no se ha digerido; frustración, enfado, impotencia, aunque siempre puede influir el factor hereditario.

La persona Kapha tiene la piel suave y grasa, con acné, con presencia de espinillas, forúnculos, nódulos, puntos negros, bolsas bajo los ojos y presencia de celulitis.

Una vez te hayas identificado con tu tipo de piel, vas a poner en práctica lo que yo considero es un regalo para ti. Lo aprendí en un taller al que asistí y me encantó. No hace falta comprar cremas caras para estar guapa y saludable. La naturaleza pone a tu alcance todos los elementos que cuidan de ti y están para que los utilices.

RUTINA DE BELLEZA AYURVEDA:

Intenta que los siguientes pasos formen parte de tu ritual diario. Es el momento que te dedicas a ti misma. Son instantes para interiorizar y mimarte. Pon toda tu atención en tu bienestar y éste se expandirá.

1. Pranayama (o respiración). Puedes practicar la consciente o la Anuloma Viloma.

2. Limpiar la lengua con limpiador de lengua de cobre.

3. Limpiar la cara y orificios con agua templada y sal de roca. Si dispones de agua de mar, es perfecto.

4. Realizar un vapor herbal para abrir los poros con comino y laurel.

   Vata → cada 15 dias

   Pitta → cada mes

   Kapha → cada semana

5. Aplicar agua de rosas como tónico por toda tu cara y cuello.

6. Automasaje con aceite templado para cada Dosha.

   Vata y Kapha, aceite de sésamo o almendras.

   Pitta, aceite de coco.

   Calentar el aceite en un quemador, pero que no sobrepase la temperatura ideal para la piel..

7. Infusión de jengibre con limón y miel si eres Kapha, con azúcar de coco si eres Pitta con azúcar de caña si eres Vata.

8. Ducha con jabón natural.

9. Alimentación acorde a tu constitución (Prakrutti)

10. Yoga – Saludos al sol.

La cumplimentación de estos sencillos pasos diarios junto con la recomendación de unos hábitos que sugiere esta maravillosa ciencia para el cuidado de tu piel, mostrará no sólo un rostro bello sino que tu actitud habrá cambiado.

Una depuración, sobre todo en cada cambio estacional. Consiste en comer alimentos que te ayuden a limpiar tus órganos sin que merme tu vitalidad y energía. Puedes aplicar los ejercicios y hábitos recomendados que hagan referencia a tu constitución, en los Doshas que te he mostrado anteriormente.

No olvides reservar un dia a la semana como mínimo ese espacio para ti. Y además recuerda que..

Tus pensamientos deben ser positivos.

Incorpora la alegría en tu vida,

Realiza actividades que te inspiren y sean de tu interés.

Enciende una vela, prepara tu bañera con agua tibia y aceites de lavanda o eucaliptus y si quieres, agrégale unos pétalos de flores.

Hazlo y atrae más tu energía femenina. Generarás más amor en tu corazón y verás tu transformación y la de tu entorno.

Porque cuando tu estás bien, todo lo que te rodea, mejora.

Si eres hiperactiva, éste ritual realizado regularmente cambiará tu energía.

El Ayurveda es la base del yoga y ambos tienen la misma finalidad, mantener la unión con el Ser.

Estoy ansiosa por introducirte en la técnica que más ha transformado mi vida.

Espero que también lo haga contigo.

YOGA

"Yoga significa unión"

Sigues volando hacia tus Dones y Talentos y vas a entrar en la práctica de la herramienta más poderosa para crear cambios en las personas.

Has llegado al mejor instrumento para canalizar tu exceso de atención y energía.

He experimentado muchas técnicas y sin menospreciar ninguna, el yoga ha sido la que no sólo ha reconducido mi energía sino que me ha cambiado la mente, ha ordenado mis pensamientos, emociones y hábitos. Me he vuelto más flexible en todo, no sólo en mi cuerpo sino también en mi vida.

Se nos ha enseñado y programado a ser rígidos de pensamiento y también con nuestras emociones. Con la práctica de esta milenaria disciplina vas a experimentar la transformación, pero no me preguntes qué cambios van a haber en tu vida, porque eso solo lo puedes percibir tú. Eres único. Nadie puede juzgar tu vida, sólo tú eres el responsable y sólo tú puedes evolucionar en ella.

Al igual que el Ayurveda, el Yoga tiene 5000 años de historia y se basa en la toma de conciencia de nuestras limitaciones y capacidades.

Aunque parezca un ejercicio físico, básicamente es un trabajo interno. Es el camino de encuentro con uno mismo. Nos servimos del cuerpo para inducir un estado de serenidad y llegar al autoconocimiento "Saber quien soy y cuál es el sentido de mi vida".

En la práctica constante de esta maravillosa técnica la persona refuerza valores como el respeto, la confianza, la empatía, el amor incondicional o la inteligencia emocional.

Es la toma de conciencia de que algo ha cambiado en ti porque sales relajado, pero no sólo es eso. Se percibe en el día a día. Te sientes más tranquilo, desarrollas valores que antes no te dabas cuenta tenías, no estás tan enfadado contigo mismo ni con el mundo. El yoga te reconecta con tu poder personal, aquel que la mayoría de personas perdemos a lo largo de la vida debido a nuestras experiencias y/o educación.

Si has practicado durante mucho tiempo ejercicio físico y dejas de hacerlo durante años, empezar con la práctica constante del yoga, te ayuda a desarrollar la fuerza, la flexibilidad, el equilibrio, a respirar mejor. No olvidemos que el trabajo interior del yoga es una manifestación externa. Recuperas tu salud, tu equilibrio y se obtiene mejora en la funcionalidad del organismo.

Tu cuerpo te habla y con la práctica del yoga aprendes a escucharlo.

La riqueza que ofrece esta técnica es múltiple puesto que se puede practicar en pareja, en familia, en la escuela y existen diferentes tipos desde el Hatha yoga, hasta el Yoga Dinámico, el Ashtanga, Vinyasa Yoga, Kundalini, Hot yoga… De modo que puedes escoger el que mejor te convenga.

Lo puede practicar todo el mundo y no se necesita tener ningún nivel para empezar. Las posturas se pueden adaptar a cada cuerpo según la enseñanza del instructor.

Como ya te anuncié en el capítulo dedicado a los Nadis, el Kundalini yoga es el menos favorable para las personas hiperactivas ya que la energía se propaga por el Sushumna Nadi (que es el sistema nervioso central) desde el chacra raíz hasta el corona, produciendo un mayor movimiento, aspecto que no necesita la persona con exceso de energía.

De todas formas, no deja de tener los beneficios propios del yoga como la flexibilidad, la resistencia, mejora la calidad del sueño, el humor.. En contraste, puede ocasionar dolores corporales, cambios radicales en el apetito, sentimientos negativos (ansiedad, depresión, culpa, etc.).

¿Me permites que te instruya?

Comprobarás por ti mismo que el yoga cambia tu percepción del mundo exterior. Eso sí, has de ser constante.

SUKHASANA

En yoga hay una gran variedad de posturas con sus variantes, así como diferentes tipos. El que yo practico, con el que me formé es el Hatha Yoga. Su traducción es el yoga de la fuerza.

Los saludos al sol, es el ejercicio más completo que hay y practicarlos cada mañana te mantiene en un estado de equilibrio.

De todas formas, lo ideal es empezar con un calentamiento. Durante unos minutos se realizan ejercicios de estiramiento alternando la respiración. Es la forma de despertar la energía de tu cuerpo y que la sesión sea más efectiva.

Seguidamente te colocas en Sukhasana o postura fácil. La puedes acompañar con el mantra Om (AUM).

En mis clases siempre las inicio y finalizo con este mantra. Según el hinduismo es el símbolo de lo esencial y significa la combinación de lo físico con lo espiritual. Es el primer sonido del cual emergen todos los demás. Los beneficios del canto de este mantra son muchos dependiendo de la persona que lo esté recibiendo, pero sus efectos son de preparación, de limpieza. A partir de aquí te sientes conectado con la energía que emana de tí. Este mantra es muy poderoso y abre las puertas a lo que ha de venir. Sólo debes dejar fluir conectarte con la energía, la respiración y el momento presente, el único que existe. Además tiene un poderoso efecto directo tanto en la glándula pineal (llamado también tercer ojo), como en la pituitaria. La vibración que emite tiene un gran poder a nivel mental y corporal.

En esta relajación de inicio lo que haces es tomar conciencia y preparas tanto a tu mente como a tu cuerpo para todos los ejercicios que vas a realizar. Acompañas la respiración que te hace estar presente en el aquí y ahora.

Los Saludos al Sol. Éste es el ejercicio más completo que existe.

Su nombre en sánscrito es Surya Namaskar.

Es la primera secuencia que se suele enseñar y es muy fácil de aprender y practicar.

Es fantástico practicarlo cuando te levantas, por la mañana porque despierta la energía y al mismo tiempo la equilibra. Este ejercicio tiene un efecto muy bueno en las personas hiperactivas o con exceso de atención si se hace cada día, pues hace un cambio interior y ello se manifiesta en el exterior.

Los beneficios que aporta esta práctica son:

✓ Estira y flexibiliza el cuerpo en general, así como las articulaciones y músculos.

✓ Te facilita el practicar una respiración correcta.

✓ Te proporciona equilibrio interior.

✓ Sirve también para mantenerte en una buena forma física.

✓ Facilita la concentración y atención.

✓ Da equilibrio y estabilidad al cuerpo.

✓ Induce al estado mental adecuado y facilita la meditación.

✓ Equilibra las emociones.

✓ Ayuda al buen humor, a tener una alta vibración y a relativizar los problemas.

✓ Encauza tu exceso de energía y de atención.

✓ Facilita las relaciones con los demás.

EJERCICIO

1. La primera postura es la postura de oración o plegaria. Simplemente mientras estas de pie, preferiblemente con los ojos cerrados y las manos en posición de oración a la altura de tu pecho, te centras en el momento presente, trayendo tu mente en el aquí y ahora, sin prestar atención a tus pensamientos, sólo centrándote en tu respiración, observando sin juzgar.

   En la última respiración, expulsas todo el aire de tus pulmones y pasarás a la siguiente postura.

2. Hasta Uttanasana, llevando los brazos hacia arriba y hacia atrás inhalando estirando todo lo que puedas la musculatura de tus brazos y arqueando ligeramente la espalda (sin hacerte daño) y llevando la cadera ligeramente hacia delante.

3. Padahastasana. Te vas inclinando hacia adelante expulsando suavemente el aire llevando los

dedos de tus manos hacia los dedos de tus pies y la nariz hacia tus rodillas. *Si eres muy flexible también puedes poner los dedos de tus manos por debajo de la planta de tus pies. Y si no llegas hasta abajo, no importa, hasta donde puedas.

4. Desde esta posición estiras la pierna derecha hacia atrás en un gran paso tocando con la rodilla al suelo y flexionas la izquierda de modo que tus manos tocan el suelo, llevando la mirada hacia delante.

5. Lleva ahora la pierna izquierda hacia atrás, levantas las caderas y pasas a la postura del perro que mira hacia abajo Adho Mukha Svanasana. *Esta postura es muy practicada en las sesiones de yoga y se suelen hacer 8 respiraciones completas mientras aguantas la postura.

6. Exhalas todo el aire que queda en tus pulmones, apoyas las rodillas, el pecho y barbilla en el suelo mientras flexionas los brazos y subes la pelvis hacia el cielo.

7. Inhala mientras estiras las piernas y los empeines quedan apoyados en el suelo. Levanta el pecho con la ayuda de tus manos y brazos. Desde aquí lleva tu cabeza ligeramente hacia atrás. Exhalas. Inhalas.*No fuerces en absoluto la espalda si no estás acostumbrado a practicar yoga. Con la práctica irás alcanzando más flexibilidad.

8. Exhalas mientras vuelves a la postura Adho Mukha Savanasana y vuelves a mantenerte en la postura mientras realizas 8 respiraciones. (Misma postura que en el paso 5).

9. Inhalas y llevas el pie derecho entre tus manos mientras apoyas la rodilla izquierda en el suelo y subes el pecho y mirada hacia delante mientras apoyas los dedos o las palmas de las manos en el suelo. (Misma postura que en el paso 4).

10. Mientras expulsas el aire llevas la pierna izquierda entre tus manos con los pies en paralelo y llevas de nuevo tu nariz hacia tus rodillas, relajando el cuello manteniendo tus piernas estiradas y los dedos de tus manos hacia el suelo . (Misma postura que en el paso 3).

11. Desde aquí inhalas, llevas los brazos hacia delante y ligeramente hacia atrás (como en la postura 2).

12. Exhalas. Vuelves a llevar tus manos en posición de oración a la altura de tu pecho (igual que en la postura 1).

Vuelves a repetir los mismos pasos con el lado izquierdo.

Como puedes ver es muy fácil y lo puedes hacer en tu casa.

YOGA EN PAREJA

Éste método abarca tantas posibilidades, que lo puedes acomodar a tus circunstancias personales.

Si no tienes hijos, el yoga lo puedes practicar perfectamente con tu pareja o con un amigo.

En alguna ocasión lo he aplicado en mis clases, sobre todo con adolescentes. Para ellos es mucho más ameno y además tiene muchos beneficios.

- Es un ejercicio de colaboración y retroalimentación. Conectas con las necesidades del otro y le ayudas.

- No sólo conectas con el otro a nivel físico sino también a nivel emocional y mental. Percibes cómo está, cómo se siente a esos niveles.

- Desarrollas aspectos humanos y valores como el respeto, la empatía, la igualdad, el compañerismo, la honestidad, sinceridad.

Sea cual sea la relación que tengas con tu acompañante, el yoga en pareja te ayudará a:

- Pasar más tiempo con esa persona.

- Reconciliarte si has tenido algún pequeño problema.

- Compartir una actividad.

- Tener un momento de diversión.

- Encontrar más motivación.

- Parecer más sencilla la práctica.

- Relajarte más fácilmente.

- Mejorar la comunicación.

- Desarrollar más la confianza.

- Desarrollar la paciencia.

- Fomentar el compromiso.

- Construir relaciones más sanas y duraderas.

No está mal, ¿no crees?

Hay muchas posturas para practicar en pareja, pero si no sabes por dónde empezar, las opciones pueden ser:

- ✓ Mirar videos en youtube.

- ✓ Practicar los saludos al sol.

- ✓ Contratar los servicios de un instructor particular.

- ✓ Si uno de los dos tiene nociones.

- ✓ Comprar juegos de cartas para niños. En todos los que conozco también hay ejercicios en pareja.

- ✓ Ir a un centro donde hagan esta actividad.

YOGA EN FAMILIA

"Una práctica saludable y llena de valores".

En este viaje de interiorización e introspección, la familia no puede mantenerse separada de ti. Tanto si tienes hijos como si no, practicar yoga y meditación te hace tomar conciencia del lugar que ocupas en tu familia, porque te conecta con tu esencia, con quien eres realmente.

La familia es el principal pilar para el ser humano. Es el ámbito dónde el niño aprende a modelar y a desarrollar su individualidad.

El yoga en familia es un espacio para compartir con tu hijo creando vínculos. Qué mejor actividad que realizar el yoga con la energía tan limpia, clara, dulce e inocente de tu hijo. Es un momento para nutrirte desde el centro de tu ser. Un instante mágico y lleno de pureza que te da el niño.

Todos los recursos que se pueden utilizar en esta actividad son fuentes de aprendizaje que pueden ayudar a reforzar la comunicación no verbal, a desarrollar el conocimiento y conciencia corporal, la coordinación, la autoestima, la imaginación...

¿Quieres que te de alguna idea?

Voy a compartir contigo cómo diseñar una actividad familiar introduciendo el yoga:

Empezarás por preguntar a tu hijo a qué le apetece jugar. Si es por la mañana, puede ser que prefiera un juego de adivinanzas como el "veo, veo" o juegos de construcción con el que puede manipular elementos, desarrollando habilidades cognitivas. Si por el contrario lo que pide es movimiento, hay que hacer lo posible para que juegue hasta que su exceso de energía se haya rebajado. Entonces puede ser el momento para empezar la práctica de yoga.

¿Cómo?

Con una breve relajación que tratará de estar sentado con las piernas cruzadas, las manos juntas en posición de oración en el centro del pecho, cerrar los ojos y por ejemplo cantar el mantra Om. También se puede improvisar una oración en la que se diga la intención que se tiene "Vamos a empezar el yoga con el sentimiento del amor, porque todos nos amamos y nos respetamos...", siempre incluyendo los valores.

Seguiríamos con asanas de pie como el árbol, el triángulo, la bailarina, la montaña los animalitos.. La improvisación es inevitable. ¡Indispensable tener un juego de cartas de yoga!.

¿Más ideas?

Otra opción son las asanas de yoga en combinación con el juego.

Por ejemplo a mi me gusta mucho jugar al "1,2,3, yoga es.." y decir una postura de yoga. Es una forma de recordar las posturas tanto el nombre como su realización. Este juego se presta a hacerlo de muchas formas y desarrolla mucho la creatividad. No dudes en ofrecérselo. Le sorprenderás y disfrutareis mucho.

Esta actividad que en principio parece simple, aporta muchos beneficios para todos. Contribuye a la confianza y cooperación entre los miembros, además de reforzar los vínculos afectivos. Favorece la autoestima y la seguridad en el niño y le permite a su vez obtener un aprendizaje experiencial y emocional. ¿Y sabes otra cosa también muy importante? Alimentas y sanas tu niño interior. ¡Totalmente sanador!.

YOGA EN LA EDUCACIÓN

Son tantos los beneficios que aporta esta milenaria disciplina a las personas que, bajo mi punto de vista, debería ser obligatoria en la escuela. Su práctica desarrolla la conciencia y el niño crece sabiendo quién es realmente.

Si eres docente y todavía el yoga no forma parte de tu metodología, te sugiero apliques las siguientes orientaciones:

Las clases son siempre muy dinámicas, el momento presente les lleva a fusionarse con la postura que están realizando y se pueden convertir en un árbol, un león, un conejo… Es el momento dónde la imaginación no cesa de expresarse.

En mis clases tengo muy claro siempre cómo voy a empezar pero nunca cómo finalizaran.

El Yoga puede ser una extra-escolar fantástica para que el niño libere toda la energía contenida en el aula. Cuando salen del colegio desbordan energía porque vienen de estar recluidos muchas horas en el colegio, donde el sistema educativo no les permite tener libertad hasta su hora de salida.. Por lo tanto, necesitan manifestar su energía o su exceso de energía. El yoga en este caso es una combinación de juegos en movimiento, correr, saltar, canciones, baile, conversaciones y asanas.

Hay muchos recursos diferentes para hacer una clase de yoga con niños. Las posibilidades son infinitas. Lo importante es que el espacio sea el adecuado, el niño se sienta cómodo con su ropita, haya suficientes medios para preparar e idear la clase y a partir de aquí que fluya la creatividad.

Otras formas pueden ser la botella de la calma o la mascota a la cual se le pone un nombre y puede ser desde un animal de peluche hasta cualquier objeto que se le pueda tener cierto cariño.

Para finalizar el yoga con niños, controlaremos que el tiempo no pase de los 45 minutos y nos aseguraremos de finalizar sentados en postura de relajación y cantando el mantra Om.

Y si eres padre o madre sería ideal que el colegio dónde llevas a tus hijos ésta técnica formara parte de su aprendizaje.

Ahora quiero introducirte en las Inteligencias Múltiples de las que ya te hablo en el anterior tomo de esta trilogía "Tda/h con T de Talento".

La propuesta del yoga en relación a las Inteligencias Múltiples es un recurso fantástico ya que te ofrece la posibilidad de practicar tanto a nivel individual como en familia. En este último caso, los participantes deberéis saber, qué tipo de Inteligencia tenéis cada uno.

¿Has realizado el test de Howard Gardner? Lo puedes encontrar en internet muy fácilmente. Lo que vas a hacer ahora es potenciar tu Inteligencia con la práctica del yoga.

Mira la práctica que corresponde a tu inteligencia y la de tu hijo para trabajarla en colaboración.

INTELIGENCIA ESPACIAL: Se realizan diferentes asanas, tomando conciencia de la postura; el espacio que ocupa; que forma tiene....sobre todo las que impliquen concentración como las de equilibrio y relajación. Se colorean mandalas. Se utiliza la imaginación para plasmar en dibujo un escenario.

INTELIGENCIA MUSICAL: Canto de mantras de forma lúdica. Composición de canciones relacionadas con el yoga. Experimentación con sonidos. Poner música mientras se improvisan diferentes asanas de yoga.

INTELIGENCIA CORPORAL O CINESTESICA: La práctica de diferentes tipos de asanas ayudan a desarrollar la conciencia corporal. Ejercitan el equilibrio con asanas como el árbol, la bailarina, el avión. La fuerza con asanas como el perro que mira hacia abajo, la mesa, el guerrero 1. La flexibilidad con la pinza, el gorila, la cobra.. Todo ello acompañado de la respiración. Es una forma de aprender a respirar mientras practican y progresan en esta habilidad o inteligencia. Incorporar la danza, teatro, expresión corporal, artes marciales..

INTELIGENCIA LINGÜISTICO-VERBAL: Los niños expresan como se sienten. De esta forma aprenden a gestionar sus emociones desde el compartir. Se practicaran las asanas que se describen en el chakra de la comunicación (5° Chakra). Lectura en voz alta de cuentos. Permitir la expresión de lo que se desee exteriorizar.

INTELIGENCIA INTRAPERSONAL: ¿Quién soy? Describirse uno mismo. Ejercicios de autoobservación y autoconocimiento. Relajación junto con la visualización.

INTELIGENCIA LÓGICO-MATEMÁTICA: Practicar la meditación en adultos y la relajación en los niños, ayudan a mejorar ésta capacidad. Jugar al ajedrez, las damas, el cubo Rubik también ayudan a desarrollarla.

INTELIGENCIA INTERPERSONAL: Se trata básicamente de expresar lo que al niño le inquiete, le motive, le interese y lo comparta con los demás. Se desarrollan valores de empatía, respeto, la escucha activa. Expresión corporal en grupo. Yoga en pareja. Juego no competitivo y cooperativo.

INTELIGENCIA NATURALISTA: Se fomenta la sensibilidad hacia la naturaleza con posturas de yoga que la refleje (árbol, animales, etc.). Visualizaciones y cuentos dónde la naturaleza es la protagonista. Salir de excursión, dar paseos.

Si eres un adulto que te gustaría mejorar alguna de éstas inteligencias, tú mismo la puedes poner en práctica siguiendo y adaptando los ejercicios de la inteligencia que desees trabajar.

LA MUSICOTERAPIA

En este viaje interior que estás realizando por supuesto la música es de gran ayuda y en muchas herramientas como el Yoga, la meditación, visualización, puede ser un complemento maravilloso.

Las personas hiperactivas somos muy melómanas. Creo que desde que definí mis gustos musicales, en la niñez, cada día de mi vida he escuchado música. Forma parte de mi cotidianidad y la razón no es sólo porque me gusta, sino que me ayuda a encauzar mi energía y así equilibrar mis estados de ánimo.

La música también se utiliza como terapia y su aplicación es muy antigua, concretamente desde el año 1600.

Ya los griegos en sus escritos hacían referencia al modo peculiar de actuar del ser humano como "el gran vínculo entre sonidos y las causas psico-físicas".

En el siglo XVIII se empleaba para la curación de trastornos nerviosos y mentales. El doctor Brocklesby (1722-1797) se dedicó a realizar experimentos con niños para observar los efectos que la música producía en ellos.

Y en 1930 se abre una clínica privada en Nueva York dónde se demuestra que la acción de la música es una terapia eficaz que causa efecto en el sistema nervioso y en las emociones, activando o disminuyendo la circulación de la sangre.

LA INTERPRETACIÓN DEL SONIDO

El sonido es interpretado por la corteza cerebral y el tálamo.

Cuando disfrutas escuchando una determinada música es porque liberas dopamina, un neurotransmisor que utilizan las neuronas para comunicarse entre ellas y es el causante de que experimentes el placer y la relajación.

La capacidad terapéutica de la música se basa en su efecto estimulante o sedante. En este sentido el cerebro es el desencadenante de recibir sus estímulos y obtener las sensaciones de tranquilidad y bienestar a nivel de todo el organismo.

Seguramente estés pensando qué tipo de música te puede venir bien cuando por ejemplo te pones muy nervioso, o cuando te supera la tristeza, o cuando te cuesta dormir…

Obras musicales para obtener efectos tónicos estimulantes:

- La gran marcha de Tannhauser (Wagner)

- El final de los maestros cantores (Wagner)

- Sinfonía n° 5 del Nuevo Mundo (Dvorák)

- Opera Aída (Verdi)

- Minueto (Boccherini)

El insomnio es bastante común en las personas nerviosas, así que a continuación algunas obras musicales específicas para ello:

- Nocturno (Chopin)

- Adagio para cuerdas (Barber)

- Preludio para la siesta de un Fauno (Debussy)

- El cisne (Saint-Saéns)

Para la persona hiperactiva y en definitiva para cualquier persona, la mejor música es la que más te guste a ti, la que te lleve a momentos inolvidables de tu vida.

Repasa tu discografía, y escucha las canciones que te trasladan a aquel momento de éxito, felicidad, plenitud y permite que afloren aquellas sensaciones tan maravillosas que sentías en aquellos momentos. A mí por ejemplo la música de los años 80 es la que más me inspira porque cuando la escucho activa todas mis células de una forma espectacular, trasladándome a momentos de felicidad y éxito personal, sintiéndome con la misma energía de entonces. ¡Maravillosa sensación! Ciertamente es un acto de reconciliación de todas esas partes que ahora no reconoces en ti pero está en tu memoria celular.

> La música es un medio de transporte increíble para permitirte ser tú y dirigir tu caudal energético equilibradamente.

Me alegro de todo el trabajo que estás haciendo y por ello te quiero dar unos tips específicos:

Tips para canalizar tu energía:

1. Cuando cambies tus hábitos, no los hagas todos de golpe. Solemos ser muy impulsivos, pero precisamente éste es un ejercicio que nos ayuda a modificar ése comportamiento. Puedes empezar por cosas pequeñas y vas ampliando las acciones. Otro método sería empezar por pocas cosas y cada día aumentar una hasta conseguirlas todas. Después será cuestión de auto controlarte siguiendo éste ritmo.

2. Gestiona tu tiempo. Si le dedicas una hora mínimo a tu hijo, en el futuro te lo agradecerá.

3. Responsabilízate de tu vida sin culpar a otros de tus errores.

4. La realidad es subjetiva y tiene que ver con cómo miras dónde pones tu atención, es decir tu energía.

5. Practica deporte, yoga, baila o haz la actividad que más te ayude a disolver tu exceso de energía (ansiedad, estrés, nervios..).

6. Escucha tu música preferida.

"Al principio tu tarea es vigilar tu energía, para luego entenderla"

-Neus García Acera-

Cuando empiezas a entender cómo funciona tu energía, generas orden en tu vida, en tu mundo, en tu entorno.

¿Quieres saber uno de mis secretos para aumentar mi energía en momentos que necesito recuperarla?

Aprovecho escuchar una canción de un grupo musical que me guste mucho y sea de un concierto. Cuando siento vibrar la gente mi alto grado de empatía tiene una resonancia y automáticamente sube mi vibración también.

Y cuando quiero conseguir algún objetivo que me cuesta mucho proyectar, utilizo un momento dónde la gente está muy contenta y rescato la energía positiva de unión que se ha creado para ponerla en mi objetivo. Por ejemplo cuando hay un partido de futbol importante de la selección de mi país y marca algún gol o gana alguna copa, intento integrar toda la energía que las personas expresan.

Otra forma que me encanta y también me funciona muy bien es incluir el sentimiento de ternura. Por ejemplo me pongo videos de bebés, de animalitos. Ver y sentir la inocencia de estos seres, me conecta con la línea previa al amor, la ternura.

Todas las personas somos diferentes y evidentemente si estás leyendo estas páginas y no te identificas con ser una persona hiperactiva y/o con exceso de atención, ni te consideras altamente sensible, todas las pautas que te he recomendado probablemente no les encuentres utilidad, pero yo te digo que son buenas para todo el mundo y si de verdad crees o sabes que tienes éstos rasgos, no dudes en ponerlas en práctica en tu día a día.

¡Verás los cambios!

Muy bien, estás realizando un buen trabajo. Tu energía así lo siente.

PUNTOS A RECORDAR:

- Tomar conciencia de la respiración para deshacerte de los posibles bloqueos energéticos que hayas generado el día anterior.

- Incorporar Ayurveda y Yoga en tu rutina diaria te hace consciente de cuál es tu naturaleza, cómo debes nutrirte, cómo debes moverte con el objetivo de estar presente y tener una mejor calidad de vida. Ambas son transformadoras.

- El Ayurveda es una filosofía de vida, que trabaja desde dentro hacia fuera. Por ello estimula el conocimiento, así como la belleza. Las mujeres de hoy en día y sobretodo las mamás necesitan un cuidado extra para resaltar su feminidad y el Ayurveda es un magnífico recurso.

- Compartir la actividad del yoga en familia para fortalecer los vínculos familiares. Además de ser el mejor sistema educativo para tu hijo.

- Educar a tu hijo con herramientas tan positivas y poderosas como son las inteligencias múltiples para que sea consciente de sus capacidades y al mismo tiempo las pueda potenciar con la práctica del yoga.

- Recurrir a la escucha de música para elevar tu energía en momentos de debilidad o decaimiento.

- Entender tu energía (y/o la de tu hijo) es básico para que seas consciente de ella. Aprende a utilizarla a tu favor y ser un ejemplo para tu hijo.

Escribe brevemente en la siguiente pagina todas las impresiones que has tenido en esta segunda etapa:

RE-DESCÚBRETE, RE-INVÉNTATE, RE-CONÓCETE.

¿Cómo te sientes? Has llegado a la última etapa de éste magnífico viaje hacia tu Don.

Todos los ejercicios que has implementado hasta llegar aquí han tenido el objetivo de conectar contigo mismo, con tu esencia, con esa parte tuya de la que no eras consciente y durante todos estos años ha permanecido dormida.

De todas formas, permíteme felicitarte porque has hecho un gran progreso; has llegado a las nuevas creencias acerca de ti mismo.

Ahora sabes que eres un ser único, con un potencial extraordinario y que nada ni nadie puede ponerlo en duda. Recuerda que sólo tú puedes dirigir tu energía y ahora sabes cómo hacerlo.

Tienes un amplio abanico de ejercicios a los que vas a poder recurrir cada vez que te "desconectes" de tus capacidades para alcanzar la persona que Eres y que ya conoces.

Sólo debes estar dispuesto a salir de tu zona de confort para volver a la nueva interpretación acerca de ti mismo, tu mejor versión.

Los desafíos siempre se presentarán, pero tu ya no los afrontaras de la misma manera.

Ten presente que no te debes deslumbrar por lo aparente, porque esa es una de las formas más discretas de bajar tu estado de ánimo y te alejará de Quien Eres Realmente. Es muy importante que todas tus capacidades, tu mayor Don que es tu energía, lo entiendas suficientemente para mantenerla en un nivel óptimo.

Permite que florezca en ti la verdad de Quién tu Eres y genera experiencias positivas en tu vida.

¿Quieres saber cómo?

RE-DESCÚBRETE

Eres energía que vibra todo el tiempo y atraes lo que vibra igual que tu.

Vas a profundizar en tus Dones y Talentos porque estoy segura que si has llegado hasta aquí es porque no quieres seguir con los patrones antiguos.

Los ejercicios que has ido realizando junto con la información de la nueva tecnología para encauzar tu energía permite que ésta no se disperse y puedas seguir trabajando para manifestar tu verdadero potencial.

DONES Y TALENTOS

Ahora ya eres consciente de que uno de tus Dones es tu exceso de energía que, bien canalizada te permite manifestar Quién Eres Realmente. Pero…todavía hay más.

En los anteriores tomos te hablo mucho de los Dones y Talentos, de cómo descubrirlos, te doy las herramientas y recursos para que por ti mismo los puedas revelar.

A veces también se puede tratar de sensaciones sutiles. Empiezas a hacer una actividad que nunca antes habías practicado y piensas "Esto se me da bastante bien, casi no me tengo que esforzar" o "¡Cómo disfruto haciendo esto!, me pasaría horas y horas haciéndolo y no me cansaría nunca" o incluso algo que se te puede pasar muy desapercibido, pero te está indicando que tú también tienes ese talento. Es cuando admiras a alguien por alguna cualidad, ¿sabías que ello es un indicador que tú también la posees?

No quiero que te impacientes, sé que has adquirido éste tomo para poner en práctica y trabajar todo lo que te voy a ir explicando.

Así que.. ¡empecemos!

Tienes el poder de hacer de tu vida una obra de arte.

"Cree en ti mismo. Eres más valiente de lo que piensas, más talentoso de lo que crees y capaz de más de lo que imaginas".

–Roy T. Bennett-

Te voy a dar las claves a seguir para que por fin halles cuáles son esos asuntos que se te dan tan bien.

Como sabes, esta guía es de trabajo; de aplicar todos los conceptos que has integrado al leer los anteriores tomos y permitas re-conocerte.

Es importante que hagas todos los ejercicios y por eso necesitas cuatro objetos que van a ser tus compañeros: una libreta, un bolígrafo, una agenda y un reloj-alarma. ¿por qué? Porqué una de las dificultades de las personas hiperactivas es la organización, seguir un orden y la gestión del tiempo.

Siendo constante en tu práctica, estos factores finalmente los dominarás y ¿sabes qué ganarás además? Encauzar tu maravilloso Don, tu torrente energético.

Iniciamos las estrategias para llegar a tu primer objetivo: <u>Descubrir más Dones y Talentos</u>.

Tienes 10 minutos para pensar y apuntar a continuación o en tu libreta los siguientes pasos:

¿Estás preparado?

1. Mira en tu familia. Analiza que Dones pueden tener tus padres, tus abuelos, hermanos. Investiga en tu historia familiar y comprueba qué aspecto positivo se da más. Apunta nombre y cualidades que le ves o éxitos que haya obtenido. Observa si por "casualidad" coincide con alguna que tu tengas.

2. ¿A quién admiras?. Piensa qué personas te causan una cierta fascinación cuando los ves o escuchas. En el fondo, piensas "Uff… Me encanta esta persona". Haz un listado de todo lo que ves te gusta en ella. Paralelamente intenta modelarla.

3. Piensa en el otro. Céntrate en qué puedes aportar a otras personas. Escribe lo que se te ocurra. Da igual si parece algo disparatado, eso es porque interviene la mente, las inseguridades,

el miedo. Déjalo pasar. Es un ejercicio que dedicas a ti mismo y sólo tú lo va a saber.

4. Si todavía no estás seguro de cuáles son tus Dones y Talentos, consúltalo con personas de tu confianza. Pregúntales que creen ellos que se te da bien hacer, que es lo que les llama la atención de ti.

5. Recuerda por los momentos más duros por los que has pasado. Cuando vives situaciones verdaderamente difíciles puedes reconocer cuáles son tus mejores y peores cualidades. Es un momento de reconocimiento.

6. Piensa cuando eras pequeño. ¿Con qué disfrutabas más?. ¿Qué actividad te gustaba realizar?. Si tu respuesta es "jugar", qué tipo de juego. Intenta sacar toda la información de ello hasta conseguir ver en lo que realmente eres bueno.

7. Cierra los ojos, quédate en silencio. Cuando tu mente se calme, pregunta "¿Qué es lo que más me gusta y se hacer de forma especial?". Apunta lo que te venga en ese momento sin que intervenga el juicio.

En muchos momentos duros de tu vida se te ha dado la oportunidad para reconocer cuáles son tus dones naturales.

Para finalizar. Asegúrate de contestar a conciencia las siguientes preguntas:

¿Qué es aquello en tu vida sin lo cual no podrías vivir?

____

¿Qué es con lo que más disfrutas?

____

¿De qué te encanta hablar?

____

¿Qué actividad te hace sentirte bien?

____

¿Qué reconocen los demás en ti que haces muy bien?

____

¿Quién o quiénes son tus ídolos?

____

¿Por qué estarías dispuesto a trabajar aunque no te pagaran?

____

¿Cuál sería el lema de tu vida?

____

Define qué es importante en tu vida y cómo podrías vivir cada día desde ese nivel.

____

Quédate con todas tus respuestas. Vamos a integrarlas para que se arraiguen en tu subconsciente con afirmaciones positivas.

Cierra los ojos. Inhala y exhala tres veces. Abre los ojos.

Yo soy el dueño y Maestro de mi vida

Yo reconozco en mí todos mis Dones y Talentos.

Mi energía es mi Don.

Por último, relee toda la información que has ido obteniendo. ¿Te sientes contento? Si no es así quiere decir que no has sido del todo sincero en tus respuestas.

Si en cambio, te sientes sintonizado con este momento, puedes añadir la meta que tienes y los pasos a seguir para llegar a ella.

TU PROPÓSITO DE VIDA.

Ahora sabes cuáles son las cualidades que más te definen.

Esta es la ocasión perfecta para escribir la historia de tu vida. Concéntrate en éste momento e incorpora tus Dones y Talentos en tu historia como grandes protagonistas. Ellos son los que van a mover tu energía para tu mayor bien. Si piensas en ellos, sientes que respiras mejor, que tu intuición se despierta. Estás poniendo en movimiento todo tu potencial. Recuerda y que no se te olvide, tu energía es tu principal Don.

EJERCICIO:

Sigue paso a paso lo que te voy a indicar.

1. Pon toda tu atención en todas tus habilidades y capacidades. Haz una lista si lo crees necesario de cuales son para tenerlas más presentes y que no te disperses.

2. Observa con cada una de ellas cómo te sientes.

3. Vigila tus pensamientos. No permitas ninguno negativo.

4. Escribe en un papel aparte tu nueva historia. Puedes introducir todo tipo de elementos, detalles, descripciones. Si te gusta escribir, regocíjate; dónde, cuando, con quien, qué… Si no te gusta escribir y quieres ser breve, destaca los cuatro puntos que quieres ver en tu nueva vida. Por ejemplo "A partir de hoy mi vida va a ser diferente; voy a tener un nuevo trabajo (imagina entonces el trabajo que quisieras), mi salud es perfecta, me siento…. Tengo una nueva re-

sidencia (imagínate el lugar donde te gustaría vivir); si quieres estar acompañado de alguien en particular, etc.

5. Siéntete agradecido de que ese pedido ya está en marcha y que la energía del Universo ya se ha puesto a trabajar en ello.

6. Estáte atento a las sincronicidades.

7. Espera lo mejor con confianza.

   ¡Genial!

RE-INVÉNTATE

Todo el trabajo hecho hasta ahora está dirigido en el conocimiento, reconocimiento y equilibrio de tu energía. Sabes quién eres, cuáles son tus Dones y Talentos y ahora, queda re-inventarte para anclar bien tus nuevas creencias, el nuevo paradigma.

Atrás quedan todos los mensajes negativos, certidumbres y convicciones erróneas, todas las etiquetas impuestas y autoimpuestas.

Cerciórate que eso es así porque a partir de ahora empieza tu nueva vida con una nueva mirada.

Si crees que todavía te queda algún resquicio de pensamiento que no esté en la línea de la nueva persona en la que te has convertido, haz el siguiente ejercicio de dejar ir.

EJERCICIO

1. Cierra tus ojos y visualiza en forma de frases, de imágenes, de sensaciones y emociones todo lo que te ha hecho creer que eras una persona con un trastorno o con cualquier tipo de problema.

2. Pon distancia y desidentifícate. Ya no tiene nada que ver contigo.

3. Imagina que todo ello lo pones en una bolsa bien grande, cuando te hayas sentido seguro que esta todo ahí, cierra bien la bolsa asegurándote que no se podrá abrir de ninguna manera.

4. Mira cómo toda esa basura se la lleva el viento y vuela tan alto que se fusiona con el espacio transmutándose y desapareciendo para siempre.

Haz este ejercicio siempre que sientas que vuelves a la antigua información, la cual ya no tiene que formar parte de tu vida en absoluto. Usa el poder de tu pensamiento para que el universo te lo devuelva multiplicado.

Ahora sí, es el momento de usar tu imaginación a lo grande.

Para re-inventarte necesitas grandes dosis de imaginación y en tu caso eso no es nada complicado, todo lo contrario, ¡Te sobran ideas y creatividad!.

A continuación vas a hacer una carta dirigida a ti con fecha de un año. Escribe todos los logros que quieras conseguir. Empezarás con .. "Estimado/a (tu nombre), te felicito por haber conseguido… Por haber decidido… Por haber hecho…

¡Sensacional!

Ya estás reconciliado contigo mismo.

De todas formas vamos a hacer el recordatorio de posición. Recuerda que posicionarte significa mantener contigo tu poder y no entregarlo a nadie.

- ✓ Desde la humildad (o sencillez), eres consciente del dominio de tu atención y energía.

- ✓ Tienes en mente tu nuevo objetivo y sabes que es importante para ti.

- ✓ Estás abierto a introducir los nuevos hábitos aprendidos en esta guía a tu nueva realidad.

- ✓ Te sientes libre y te manifiestas tal y como eres.

- ✓ Te sientes equilibrado y si notas alguna vacilación, no dudas en utilizar los recursos aquí descritos.

- ✓ Celebras tus logros.

- ✓ Te sientes digno de recibir todo lo bueno.

- ✓ Las opiniones de los demás no tienen ninguna influencia sobre ti.

- ✓ Has tomado la decisión de estar en tu nuevo Paradigma.

Las nuevas creencias que ahora forman parte de tu vida y rigen tu subconsciente se manifiestan instintivamente.

El ejercicio que vas a hacer a continuación te mantiene en la seguridad de tu re-descubrimiento y te mantiene en el momento presente, el único que existe.

Afirmar algo significa hacerlo firme, darle forma, sustancia y permanencia.

EJERCICIO

Lee las siguientes afirmaciones. Reflexiona sobre su significado. ¿son creíbles para ti? Escríbela debajo.

La escritura es una terapia muy poderosa.

Encauzo mi exceso de energía de forma fácil y efectiva.

———————————————————————————

Me siento equilibrado y confiado.

———————————————————————————

Amo y cuido de mi energía con armonía para mí y para los demás.

———————————————————————————

Soy consciente de mi bienestar en todo momento.

———————————————————————————

Soy consciente de mis Dones y Talentos.

———————————————————————————

Estoy bien aquí, en este preciso momento, haciendo exactamente lo que hago.

———————————————————————————

Me acepto y me amo a mi mismo tal como soy.

———————————————————————————

Abrazo los cambios y me adapto fácilmente a nuevas circunstancias y situaciones.

———————————————————————————

EJERCICIO

En el espacio de abajo puedes crear tus afirmaciones. Te recomiendo que hagas una por día hasta que la tengas bien integrada y te la creas de verdad.

Otro ejercicio que suelo hacer y que estoy segura si lo practicas te ayudará mucho, son los recordatorios.

<u>EJERCICIO</u>

1. Escribes la frase que te quieras trabajar en varios papeles.

2. Pega o coloca los papeles en los lugares de tu casa dónde sueles pasar más tiempo. Cuantos más lugares escojas, más recordarás la importancia de practicar la afirmación.

3. Repite las afirmaciones durante varias semanas en voz alta y varias veces al día. También antes de dormirte.

RE-CONÓCETE

Este es el último paso para consolidarte como la nueva persona que goza de un nuevo traje. Esta es tu nueva versión, Quién tu Eres Realmente.

Con el reconocimiento viene tu transformación.

Empecé esta trilogía enfocándome en el autoconocimiento y la finalizaré con él también, porqué el viaje ha finalizado. Ya estás en tu destino. Ya has llegado. Estás aquí, dónde siempre habías deseado.

Ahora te conoces y entiendes tu energía vital, cómo funciona, cómo amarla, aceptarla, canalizarla y disfrutarla.

Algo ha cambiado en ti. Te sientes más seguro, entiendes qué has venido a hacer, cuál es tu misión o si lo quieres decir con otras palabras, cuál es tu propósito de vida. Sabes también cuál es tu papel en la familia. Sabes que tienes hijos maravillosos con una energía desbordante que han venido a darte una lección; que sólo tienes que estar abierto y receptivo a su enseñanza. Que actuando en coherencia con lo que dices y haces eres su mejor ejemplo.

Has aprendido también a proteger tu energía, a no hacer entregas de poder, a posicionarte, a valorarte. En definitiva, has aprendido a ver el mundo desde otra perspectiva porque ahora sabes discernir.

Has ampliado tu visión con la mirada inteligente de saber reconocer tus cualidades, esas que siempre pasaban desapercibidas a ojos de los demás, pero que sólo tú desde un rincón de tu alma las reconocías. Enhorabuena lo has conseguido, porque ahora Sabes Quien Eres Realmente.

Has descubierto que tienes Dones y Talentos; que a lo que llaman trastorno o enfermedad es un exceso de energía mal canalizado.

A partir de este momento ya estás preparado para echar tu propio vuelo y brillar en tu luz, esa que un día te apagaron pero que ha vuelto a resurgir.

Te he dado claves muy potentes que deseo pongas en práctica para ver tus cambios. Si te has limitado a leer sin practicar, nada variará y permanecerás en el lugar de partida.

No obstante, no puedo finalizar sin antes indicarte el ejercicio más liberador, el que te devolverá la libertad, la aceptación y la comprensión.

Volvamos por un momento (sólo un instante) al pasado.

Eres un ser social y cuando tienes problemas y conflictos con otras personas se producen bloqueos que incapacitan el buen flujo de tu energía y tu campo electromagnético se ve afectado. ¿Recuerdas que hablamos de ello en la primera parte, la toma de conciencia?

De igual forma ocurre cuando no perdonas. En tu sistema energético se crea una acumulación o depósito de energía negativa de baja frecuencia que se adhiere a él y con el tiempo se manifestará en tu cuerpo físico en forma de enfermedad física, disfunción emocional (resentimiento, dolor ataques de ira, rabia, agresividad, violencia...(quizás)..).Y todo ello ¿a qué conduce? A la no consecución de tus éxitos, a hacer invisibles tus Dones y Talentos, a ser la persona que una y otra vez has ido repitiendo y que no tiene nada que ver contigo, sino con la desconexión de Quien Realmente Eres.

Si de verdad estás dispuesto a dejar atrás la persona que has venido siendo y te quieres convertir en la persona que has venido a ser, no lo dudes ni un momento más y pon en práctica el perdón.

<u>EJERCICIO</u>

1. ¿A quién necesitas perdonar?

2. Pon su nombre _________________.

3. Hazte 100% responsable de haber traído esa experiencia a tu vida.

4. Envíale energía positiva (color rosa) y olvídate de lo demás.

5. Deséale lo mejor.

6. Pon distancia, sepárate de la situación y continúa con tu nueva vida.

No devolviendo mal por mal, o insulto por insulto, sino más bien bendiciendo, porque fuisteis llamados con el propósito de heredar bendición.

Versículo de La Biblia 1 Pedro 3.9

Al perdonar al otro creas una vibración diferente y ya no puedes atraer más de lo mismo y el principio de causa y efecto pondrá orden a la situación manteniendo tu campo energético con una luz brillante y poderosa. Esa es tu nueva versión.

"Perdónate, acéptate, reconócete y ámate; date una nueva oportunidad. Recuerda que tienes que vivir contigo para siempre".

–Facundo Cabral–

Ahora sí.

¡Buen trabajo!

Por último, ¿estás alineado? Asegúrate de que eso es así. No puedo dejarte que vueles solo, sin antes cerciorarme que tienes claro el proceso de diferenciar entre la acción que viene de tu propia inseguridad (impulso) y la energía sutil que te susurra el movimiento que debes hacer (intuición). Pues de ello dependerá que tu energía se encauce adecuadamente.

Cada momento que actúes por impulsos, detente y cambia la ejecución.

Voy a darte los tips finales para que estés seguro si escuchas a tus impulsos o a tu intuición:

Las sensaciones provocadas por los impulsos:

- Pueden basarse en el miedo, la culpa o cualquier tipo de carencia.

- Se pueden fundamentar en la autoprotección.

- Pueden basarse en la rapidez.

- Pueden ser los primeros pensamientos que te vienen a la mente.

- Se pueden entremezclar con la ansiedad.

Las sensaciones centradas en la intuición:

- Son sutiles, delicadas.

- Te hacen sentir bien, son tranquilizadoras.

- Son persistentes.

- Sientes con el corazón, no con la mente.

Qué mejor final, que concluir con una de tus mayores capacidades; la intuición. Estás en el manejo de tu nueva tecnología.

PUNTOS A RECORDAR:

- Eres una nueva persona con una nueva energía, reconociendo todos sus Dones y Talentos y con un nuevo propósito de vida.

- Te has re-conocido con las afirmaciones para reafirmarte quien eres realmente.

- Has perdonado y te has perdonado. Ahora no hay duda. Eres la persona que has venido a ser.

¡Bienvenido a tu Nueva Vida!

COMPROMÉTETE

TU CARTA DE COMPROMISO

¿Te comprometes a ser tu realmente? Si tu respuesta es afirmativa, como espero y deseo, tienes la responsabilidad de ir con todo a conseguir tus logros. Por ello, te reto una vez más a que vuelvas a repasar y practicar todos los ejercicios de esta guía.

El momento para continuar con la canalización de tu energía es ahora. Te reto a que tengas un compromiso contigo mismo y lo hagas. ¿Por qué? Porque cuanto más adquieres el hábito de repetir aquello a lo que no estás acostumbrado, sales de tu zona de confort.

Significa que tu cerebro también se acostumbra a la nueva realidad y estarás programando tu software que es tu mente a que acepte el nuevo sistema de obtención de tus experiencias. ¿No te parece maravilloso?

Sinceramente ¿no crees que ya es hora de que vivas desde Quién Eres realmente?

Comprométete escribiendo tu propia carta de compromiso. Coge una hoja en blanco y con un bolígrafo de tinta azul escribe lo siguiente:

Yo, (tu nombre con apellidos) y D.N.I. número

(o la tarjeta identificativa de tu país), me comprometo conmigo mismo a:

Haz una lista detallada de todos tus objetivos, enumerándolos.

Acaba poniendo el lugar, la fecha y tu firma.

Recomendaciones:

- ✓ Mira o recuerda cada dia tu carta al menos tres veces al dia.

- ✓ Guárdala en un lugar dónde nadie la pueda encontrar. Debe ser tu secreto.

- ✓ No hables con nadie de ello. Es algo tuyo personal y nadie más ha de intervenir ni con el pensamiento.

- ✓ No estés pendiente de si has obtenido algún resultado. Piensa y déjalo ir.

- ✓ Conforme vayas obteniendo lo que está puesto en la lista, ves tachándolo y si crees, ves añadiendo nuevos propósitos.

- ✓ Siempre que leas o recuerdes la carta, asegúrate que te sientes bien, que tienes un nivel alto de vibración. De lo contrario, podrías enviar mala energía y tus objetivos tardarían mucho más en manifestarse.

- ✓ Si ves que pasan los días y no se manifiesta nada es porque no estás alineado. Vuelve a mirar ése apartado e integra la información.

- ✓ Si lo estás haciendo tan bien que enseguida ves cómo vas consiguiendo tus voluntades, permanece lejos de la arrogancia o la soberbia. Lo ideal es el equilibrio emocional.

RESUMEN

Hemos empezado con el Universo (Macrocosmos). Su energía tan poderosa nos mantiene conectados a todos los seres vivos de este planeta Tierra. ¿Y cual es su verdadera sustancia? El pensamiento que cada uno de nosotros proyectamos junto con la emoción; de esta manera moldeamos nuestras vidas.

Cuanto más encauzada esté tu energía, mejores serán tus pensamientos. Cuanto mejores sean tus pensamientos, más brillarás.

Tu punto de poder siempre es el presente. No importa de dónde vienes o lo que has hecho o dejado de hacer en el pasado. Sólo importa lo que decides en el presente. Siembra con tu energía del pensamiento palabras, imágenes y acciones que alimenten un subconsciente feliz y próspero. Él es un siervo fiel de tu mente. Emplea esta energía de alta vibración para que tu subconsciente la muestre en el futuro.

Todo lo que envías, lo recibirás de vuelta porque tu energía así lo ha ordenado.

No permitas sentirte pequeño ante un nuevo desafío. En su lugar, reconoce tu energía y utilízala para tu mayor bien y el de toda persona que tenga relación contigo.

Como me decía mi Maestra "No desparrames tu energía en asuntos que no te interesan, re-ordénala y guárdala en tu interior para cuando la necesites".

Sigue todos los ejercicios y el conocimiento expuestos en este tomo, no ceses su práctica y además, no hagas caso de los juicios de los demás, ni tampoco los juzgues tú. Eso desgasta tu energía. Mantente al margen y saldrás reforzado.

Acuérdate de cuidar y mimar tu cerebro. Éste es tu centro de control, dirigiendo todo tu cuerpo a través de la energía de tus pensamientos. Una alimentación alcalina y una adecuada hidratación es muy importante para su correcto funcionamiento y equilibrio.

> Todos tus procesos energéticos condicionan lo que sucede en tu mente y en tu cuerpo.

Te reitero una vez más, no te reproches nunca nada de lo que hayas hecho y sabe que todo es perfecto tal y como es, todo lleva una lección para tu evolución.

Si vives desde la coherencia con lo que piensas, dices y haces verás aparecer el orden en tu vida. Percibirás que las cosas se van dando sin tanto esfuerzo y será un alivio para tu sistema energético.

En tu campo cuántico ya existe todo lo que has ido proyectando y a su vez éste lo comunica al universo.

Por eso es tan importante ser consciente y entender cómo funcionas energéticamente.

Avanza, siente la felicidad, edúcate, progresa, evoluciona.

Has hecho un largo e intenso viaje. Atrás dejas todo los conocimientos antiguos, eres un nuevo ser con una nueva tecnología. A partir de ahora llevas un nuevo traje, unos nuevos conocimientos; sabes quién eres y por qué estás aquí; sabes cuáles son tu Dones y Talentos.

Has comprobado que tú y todo lo que te rodea es energía. Y que ésta fluye y existe en cada objeto, cada lugar y cada persona.

De igual forma has experimentado con los ejercicios que es muy importante entenderla para saber canalizarla porque de ello depende tu salud y que es importantísimo transmitir este aprendizaje a tus hijos para que desde pequeños o desde la adolescencia se conozcan mejor y tengan una mayor calidad de vida.

Eres un ser con una sensibilidad y un potencial que muy probablemente haya estado dormido mucho tiempo. No te vuelvas a sentir vulnerable por las opiniones ajenas. La mediocridad ya no puede tener cabida en tu vida. No intentes tampoco convencer a nadie de tu verdad. Esa sólo te pertenece a ti. Ahora ya sabes lo mucho que puede afectar lo externo a tu caudal energético. Tu salud está en juego.

La mejor actitud es el silencio mientras sigues caminando.

Trata de relacionarte con personas que vibren como tú para que no tengas interrupciones energéticas y puedas alcanzar tus propósitos.

RECUERDA:

En el Universo no hay nadie como tú. Eres un ser único, dotado de una individualidad, con una extra-ordinaria energía que marcas la diferencia con un extra.

Has nacido para aportar tus capacidades al servicio de la humanidad. Porque eres único y tu naturaleza no varía. Tu eres tus Dones y Talentos. Tu eres tu energía que emana de tu esencia que es tu Don.

Todas las técnicas expuestas en esta trilogía están dirigidas hacia el autoconocimiento; Saber Quien Eres, cuáles son tus Dones y Talentos y ser consciente de ellos. Valorar tu principal Don, que es tu energía y saber manejarla para que fluya a tu favor, para que tu vida funcione mucho mejor y puedas ser feliz.

Ahora te suelto para que vuelvas a emprender el vuelo.

Ha sido un placer acompañarte.

¡Feliz viaje por tu nueva versión!

AYÚDAME A CREAR MAS CONSCIENCIA

Me encantaría que me ayudaras a expandir toda la información que aporto en esta trilogía para que más niños y padres puedan conocer verdaderamente la naturaleza de su hijo viéndolo como un niño normal, simplemente que tiene necesidades diferentes a la media.

Tengo el compromiso de cambiar el sufrimiento por el que atraviesan estos niños y acompañarlos hacia el amor incondicional y la comprensión.

Me siento en la obligación de transmitir a los padres un mensaje esperanzador y tranquilizador para que cambien su realidad hacia la normalidad absoluta.

Para todo ello te agradecería que te hicieras una foto con este libro y lo publicaras en las redes sociales o regalaras un ejemplar a toda aquella persona que le venga bien esta información.

El 10% de los beneficios de estos libros se dona a causas benéficas, todas relacionadas con los niños.

Cuando das recibes, porque dar y recibir es lo mismo.

Entre todos podemos lograr un mundo más justo y feliz.

Si tu cambias, todo cambia.

BIBLIOGRAFÍA

COMO LEER EL CUERPO de Wataru Ohashi

RESPIRANDO de Michael Sky

WEBS

www.egelywheel.net /energy-of-life/?lang=es

SÍGUEME EN MIS REDES SOCIALES

 Neus García

 neusgarciaacera

 Neus Garcia Acera

 www.neusgarciaacera.com